청소년을 위한 인문학 교실 – 문헌정보학

상상 도서관

임성관

임성관

경기대학교 교육대학원 사서교육전공 조교수로 근무하며 대학원 및 문헌정보학과 학부 학생들을 대상으로 강의를 하고 있습니다. 대학도서관과 학교도서관에 근무한 경력이 있으며, 오랜 기간 동안 독서 활용 분야(독서교육·독서지도·독서상담·독서코칭·독서클리닉·독서치료)를 연구하고, 그 결과들을 현장에 적용하여 독서문화 진흥에 기여하기 위해 노력해 왔습니다.

더불어 한국독서교육연구학회 회장, 한국도서관협회 독서문화위원회 위원, 국방부 진중문고 분야별 외부 추천 전문가, 법무부 소년보호위원, 경기도교육청 사람 책, 안양시·천안시공공도서관 운영위원회 위원, 문학 분야 예술인으로도 활동하며 학계와 현장 발전을 위한 첨병으로서의 역할도 열심히 실천 중입니다.

그동안 출간한 책은 총 40권으로, 그 안에는 『독서치료의 모든 것』, 『독서치료 수퍼비전의 실제』, 『어린이를 위한 독서치료 1·2』, 『청소년을 위한 독서치료 1·2』, 『성인을 위한 독서치료 1·2』, 『노인을 위한 독서치료 1·2』, 『책과 함께하는 마음 놀이터 1-4』, 『독서치료에서의 문학작품 활용』, 『독서 : 교육·지도·상담·코칭·클리닉·치료』, 『(자녀의 독서를 고민하는) 엄마들의 책』, 『우리 아이 마음 채워줄 책 한 권』, 『독서로 풀어가는 난독증 1·』, 『(노인을 위한 1년 독서 실천 전략) 독서사도』와 같이 독서 분야에 대해 공부하거나 관심을 갖고 계신 어른들을 위한 책과, 청소년을 위한 인문학 교실 시리즈 중 심리학 분야인 『강아지 똥은 왜 자아존중감이 낮았을까?』, 문학 분야인 청소년 시집 『중학교 2학년』, 『오, 신이시여!』, 『카운트다운』, 미디어학 분야인 『미디어의 쓸모』가 있습니다. 마지막으로 아동을 위한 책으로는 『나를 표현하는 열두 가지 감정』, 『동시 : 함께하는 시간』, 『색깔』, 『초등학교부터 시작하는 중학생 토론 교과서』 등이 있습니다.

청소년을 위한 인문학 교실 – 문헌정보학

상상
도서관

임성관

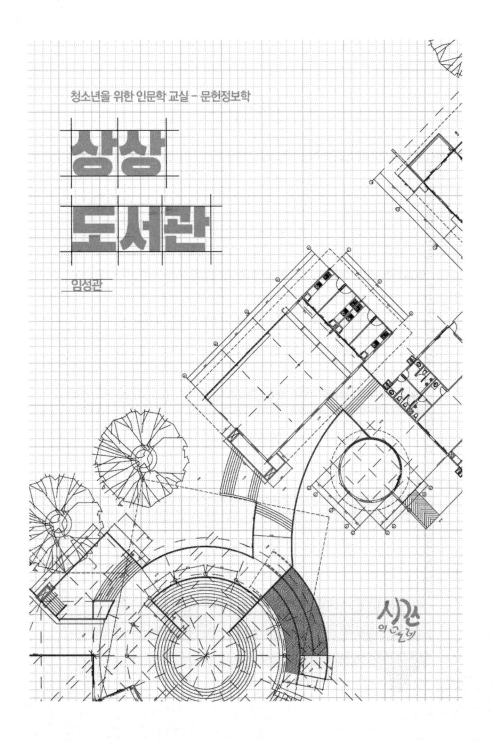

Contents

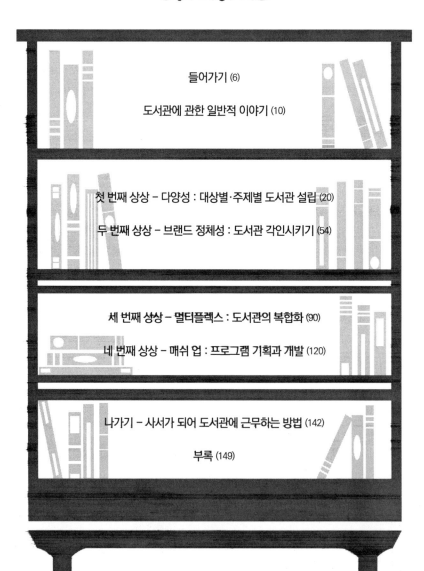

상상 도서관

B▮▮K

들어가기

문헌정보학 관련 책을 쓰려고 하니 옛 생각들이 저절로 떠오릅니다. 'Latte is horse(나 때는 말이야~)'처럼 느껴질 이야기지만, 제가 문헌정보학(도서관)계와 독서 분야에 입문을 하게 된 배경이자 결국 이 책을 쓰게 된 이유이기도 하니, 옛날이야기처럼 편안하게 들어주시기 바랍니다.

어린 시절부터 저는 책읽기를 좋아했습니다. 그러나 집안 형편은 어려웠고, 마을 주변, 다니던 학교에도 도서관이 없었기 때문에 많은 책을 접하지는 못했습니다. 마침 집에는 텔레비전도 없었기 때문에 심심할 때마다 갖고 있던 책을 여러 번 읽으며 독서에 대한 흥미를 채운 정도였습니다.

이런 환경적 배경과 개인적 성향은 책이 많은 곳에서 근무하며 독서도 많이 하고 싶다는 바람으로 이어져, 학사-석사-박사과정 때 모두 문헌정보학을 하게 만들었습니다. 왜냐하면 도서관이야말로 많은 책을 갖고 있는 곳이기 때문입니다. 따라서 그곳에서 일을 하려면 해당 학과에서 필요한 지식을 얻고 자격증을 받는 것이 당연한 수순이라고 생각했습니다.

때문에 그 누구보다 열심히 공부했으며, 졸업 후 드디어 대학도서관을 거쳐 학교도서관에서 사서로 근무도 하게 되었습니다. 하지만 현장 근무는 생각했던 것과 다른 점들이 많았습니다. 특히 학교도서관은 전산화가 안 되어 있는 것은 물론이고, 비정규직이라는 신분 등 여러모로 체계가 잡혀 있지 않아 심리적 고충을 많이 겪을 수밖에 없는 실정이었습니다.

이런 고충은 드디어 도서관 사서로 근무하게 되었다는 개인적인 만족감, 이용자(고객)들과의 만남에서 오는 기쁨, 그들에게 적정 서비스를 하고 있다는 직업인으로서의 사명감을 무너뜨렸습니다. 그때의 심정은 결코 넘을 수 없는 벽을 만난 것만 같았습니다. 그래서 결국 청춘을 불사르며 열정적으로 만났던 도서관과 3년 만에 헤어지게 되었습니다.

도서관을 떠난 뒤 저는 연구소를 설립했습니다. 목적은 독서 분야(독서교육·독서지도·독서상담·독서코칭·독서클리닉·독서치료)를 연구하고, 그 결과를 바탕으로 책을 쓰거나 논문을 작성해 발표하며, 나아가 강의 활동을 통해 전문가를 양성하기 위함이었습니다. 어느덧 그 세월이 20년 가까이 되었습니다만, 다행스럽게도 독서에 대한 사랑은 아직도 진행 중입니다.

그렇다면 도서관에 대한 사랑은 어떨까요? 비록 현장 사서로서 일을 하고 있지는 않지만, 관심과 사랑은 여전합니다. 왜냐하면 독서 분야 강의 활동의 대부분이 도서관에서 이루어지고 있으며, 장차 도서관에서 근무할 학생들을 위한 강의를 대학에서 하고 있기 때문이기도 합니다. 도서관 내부가 아닌 언저리에 머물러 있다고 하면 적정한 표현이 되겠습니다.

하지만 입장이 달라진 것은 확실하며, 그렇다 보니 도서관에 대한 관점 역시 달라진 것 또한 사실입니다. 한 걸음 떨어져서 객관적으로 볼 수 있게 되었으며, 사회생활 경험과 사회 변화의 측면들을 더해 넓고 깊게 볼 수 있게 되었습니다. 그래서 이렇게 형성된 관점들을 서로 제안하고 융합한다면 도서관 발전에 도움이 되겠다고 생각했습니다.

결국 이 책의 내용은 도서관에 관한 개인적인 상상들을 정리한 것입니다. 평소 도서관을 이용하면서 '왜 이런 도서관은 없는 것일까?', '도서관에 이런 것도 있으면 좋겠다!' 등 범위가 정해져 있지 않아 크고 넓어진 생각들을, 머리를 비워 내고 새로운 상상들로 그 공간을 채우기 위해 지면에 정리해 본 것입니다.

내용 구성은 다음과 같습니다. 우선 이야기는 '도서관에 관한 일반적 이야기'로 시작됩니다. 도서관은 어떤 곳이고, 따라서 어떻게 구성되어 있으며, 어떤 방법으로 이용을 하면 되는지 일반적으로 알고 있는 측면들로부터 조금 더 자세한 측면들까지, 도서관에 관한 기본적 사항들을 관종별로 간단히 정리해 두었습니다.

이어서 본격적인 상상의 나래는 도서관의 종류에서부터 외관, 구성, 서비스에 이르기까지 차례대로 펼쳐보았습니다. 이 구분을 통해 기술한 내용은 전체 도서관에 해당되는 것일 수도 있고, 특정 관종에만 해당되는 것일 수도 있습니다. 또한 비교적 빠른 시일 내에 적용해 볼 수 있는 방안과 시간이 더 필요한 방안도 있을 것입니다.

따라서 관종을 불문하고 넓은 관점으로 적용 및 변용 가능성을 모색해 주시면 감사하겠으며, 모든 방안이 실현될 수 있도록 다양한 기회를 통해 제안을 해주실 것도 부탁드립니다. 저 또한 이 책에 담긴 모든 상상들이 현실이 될 수 있도록 노력하여, 도서관이 시민들 생활 중심에 조금 더 다가갈 수 있도록 하겠습니다.

사서직은 미래에 사라질 직업이라고 예견되고 있습니다. 하지만 인류가 존재하는 한 도서관은 남아 있겠지요. 그렇다면 남아 있을 도서관에 사서직도 잔존하려면 어떻게 해야 할까요? 창의적 발상을 통해 끊임없는 변화를 모색하며 시대를 앞서가는 직업군이 되어야 할 것입니다. 장차 도서관인이 될 수도 있을 여러분들을, 도서관인이었고 도서관인을 키워내는 한 사람으로서 응원합니다.

2020년 6월
임성관

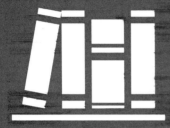

도서관에 관한 일반적 이야기

　관종에 따라 설립 및 운영 목적이 다르기는 하지만, 일반적으로 도서관
은 정보를 수집하고 보존하며 그것을 필요한 사람들에게 유통시키는 곳입
니다. 따라서 미디어라는 것이 생존에 필요한 정보를 주고받기 위해 발전해
온 것처럼, 정보를 수집해 유통시킴으로써 인류의 생존과 적응, 나아가 진
화에 필요한 중요 정보를 갖고 있는 도서관의 역사는 고대로부터 시작되어
현재에 이르기까지 필수적이었다고 할 수밖에 없습니다. 이런 맥락에서 보
자면 도서관의 발전을 이끈 나라들은 역시 선진국이며, 선진국일수록 도서
관 수가 많은 것은 물론이고 시스템 역시 잘 갖추어져 있다고 할 수 있습니
다. 대표적으로 미국은 12만 개가 넘는 도서관을 갖고 있는 국가로, 이는 우
리나라의 6배가 넘는 숫자입니다.

그렇다면 우리나라에는 도서관이 몇 곳이나 있을까요? 2020년 6월 현재 국가도서관통계시스템[1]에 정리되어 있는 2018년까지의 현황에 따르면, 우리나라에는 국립도서관이 5곳(국립중앙도서관, 국립어린이청소년도서관, 국립세종도서관, 국회도서관, 법원도서관), 공공도서관이 1,096곳, 작은도서관이 6,330곳, 대학도서관(2017년까지의 현황)이 453곳, 학교도서관이 11,644곳, 장애인·병영·교도소·전문도서관 등의 기타 도서관(2016년까지의 현황)이 44곳이어서, 모두 합하면 전국에 총 19,572곳의 도서관이 있다는 것을 알 수 있습니다(2019년에 증설된 곳도 있으니 대략 2만 개 정도가 있다고 해도 무방하겠습니다). 이 정도면 어느 곳에 살고 있든 걸어서 5분 이내에 도착할 수 있는 여건은 아니지만, 이용자(고객)들이 자발성을 조금만 더 발휘한다면 다양한 도서관 서비스를 누리는데 무리는 없을 것이라고 생각됩니다. 지금 이 시간에도 전국 각지에서 도서관을 증설하고 있는 중이니 전반적인 환경은 더 나아질 테니까요.

그렇다면 여기서 일반 시민들에게 비교적 가까워서 한 번쯤은 경험해 봤을 가능성이 높은 공공도서관, 학교도서관, 대학도서관, 국립도서관의 개념을 정리해 보겠습니다.

---

1) 국가도서관통계시스템(https://www.libsta.go.kr/libportal/main/main.do)

1. 공공도서관 Public Library

공공(公共, Public)은 사회의 일반 구성원에게 공동으로 속하거나 두루 관계되는 것이라는 의미를 갖고 있습니다. 따라서 공공도서관이라고 하면 사회 일반 구성원 모두에게 열려 있는 곳이라는 뜻입니다. 즉, 넓게는 국가 내 모든 국민들, 좁게는 지역 내 모든 주민들이 자유롭게 필요한 정보를 이용하고, 평생교육이나 문화 활동에 참여할 수 있는 장을 펼쳐주는 곳입니다.

따라서 공공도서관은 층별로 섹션을 구분해 이용자(고객)들의 정보 이용을 돕고, 평생교육이나 문화 활동에 참여할 수 있는 구성을 띠고 있습니다. 이를테면 1층에는 안내 데스크와 함께 도서관의 가장 많은 이용자(고객) 층인 주부 및 아동들을 고려해 아동(주부) 자료실을 두는 경우가 많습니다. 또한 2층에는 주제별 자료들을 모두 만날 수 있는 종합자료실을 설치하고, 3층에는 디지털자료실이나 정기간행물실을 설치하기도 합니다. 또한 지하나 4층에는 평생교육과 문화 활동을 위한 프로그램 교실을 두며, 매점이나 휴게실, 열람실, 전시실 등을 설치한 곳도 많습니다. 그밖에 직원들의 사무 공간인 관장실, 문헌정보과나 열람봉사과 등이 있습니다.

공공도서관은 위치하고 있는 지역 사회 일반 구성원들에 대한 분석 결과를 바탕으로, 그들이 참여할 수 있는 문화 프로그램을 기획 및 운영하기도 합니다. 프로그램의 주제는 독서 관련을 넘어, 문해 및 어학 교육, 전문 자격증 취득 교육, 취미, 실용 교육 등 다양합니다. 그야말로 오래 전부터 해왔던 교육의 장으로서의 역할을 충실히 수행하고 있는 것인데, 대부분 무료로 운영이 되고 있다는 특징도 있습니다.

2. 학교도서관 School Library

학교도서관(School Library)은 학교에 있는 도서관을 뜻합니다. 여기서 학교란 초등·중등·고등학교를 의미하며, 대학은 별도로 구분이 됩니다. 학교는 학생들에게 교육을 하는 곳이기 때문에, 학교에 있는 모든 시설과 사람들은 적정 교육을 위해 반드시 필요한 요소라고 할 수 있습니다. 따라서 학교도서관과 사서교사 역시 전체 학년 및 각 교과목 선생님이나 학생들의 교수 학습이 원활하도록 지원하는데 최우선적인 목적을 둡니다. 즉, 각 학년별 교과목에 담긴 내용을 분석해 연관 있는 자료를 선정하고 구입하는 것, 교과 교사와 사서교사가 역할을 나누어 함께 연계 수업을 하는 것 모두 이 목적에 해당되는 활동이라고 할 수 있습니다. 또한 과제를 부여받은 학생들이 사서교사의 도움으로 적정 답안을 찾아나가는 참고봉사(Reference Service) 역시 이에 포함되는 활동입니다.

학교도서관 중에는 학부모를 넘어 지역 내 주민들을 위해 개방을 하는 곳도 있습니다. 특히 지역 내 공공도서관 시설이 부족하기 때문에 학교를 이용하는 것이 아직 유리한 곳들은 별도의 지원을 통해 그 역할을 대신하게 하는 것입니다. 그렇지만 여전히 모든 서비스의 우선순위는 학교 내 구성원들에게 있습니다.

학교도서관은 학교도서실이라는 명칭과 혼용되고 있는데, 그 이유는 학년반별 교실이나 특별실들과 같은 건물 내에 있으면서 책 등을 보관하고 있는 방 가운데 한 곳으로 보기 때문입니다. 학교 본관 건물과 분리된 단독 건물 전체를 도서관으로 사용하고 있는 학교는 전국에서도 손에 꼽을 정도입니다. 따라서 도서관이 아닌 도서실로 불리는 경우가 더 많으며, 아직도 전국의 모든 학교도서관에 전문 사서교사가 배치되어 있지 못한 것도 현실입니다.

3. 대학도서관 University Library

대학도서관(University Library)은 대학 과정 이상의 교육 기관에 설립된 대학의 부속 기관입니다. 따라서 우선은 학과별 교수들의 연구나 교육, 학생들의 연구 및 학습을 지원하기 위해 적정 자료들을 수집 및 보존하며, 참고봉사(Reference Service)가 가장 적극적으로 실천될 수 있는 곳이기도 합니다.

대학의 규모가 큰 곳은 중앙도서관과 단과대별 도서관이 여러 곳 있기도 하고, 반대로 작은 곳은 중앙도서관만 한 곳 설치된 경우도 있습니다. 또한 학교에 따라 일반인들에게 개방을 하기도 하지만, 공공도서관이나 학교도서관과 달리 전문 서적들 위주로 소장하고 있기 때문에 관련 연구를 수행하고 있는 성인들 약간 명이 출입하는 정도라 하겠습니다. 따라서 공공도서관이나 학교도서관에 비해 이용 대상이 더욱 제한적이라고 할 수 있겠습니다.

4. 국립도서관 National Library

국립도서관(National Library)은 국가적 차원에서 설립하여 직접 관리 및

운영하는 곳으로, 한 나라를 대표하는 도서관들이 포함되어 있습니다. 국립도서관은 나라에서 출간되고 있는 모든 자료들을 수집 및 보존하여 유산으로 간직하고 후대에게 물려준다는 목적도 갖고 있기 때문에, 납본(納本, Legal Deposit : 발행한 출판물을 법 규정에 따라, 관청이나 도서관에 정해진 수량을 보냄)이라는 과정을 통해 장서를 구성합니다. 또한 앞서 살펴본 도서관들과는 달리 대출은 해주지 않고 허용된 공간에서 허락된 장서만을 열람할 수 있다는 차이점도 있습니다(예외로 우리나라의 국립도서관 중 세종도서관에서는 대출과 반납을 실시하고 있음). 때문에 이용자 수는 적을 수 있지만 중요도로는 가장 높은 곳이라고 할 수 있습니다.

5. 도서관 이용방법 및 규칙

도서관은 공공성을 기반으로 한 기관입니다. 따라서 이용 규칙을 수립해 모든 이용자들에게 똑같이 적용하고 있습니다. 그러므로 어떤 도서관을 이용하고자 하는 이용자는 우선 관련 내용을 숙지할 필요가 있습니다. 다음의 내용은 일반적으로 적용되는 규칙을 정리한 것입니다.

1) 이용 방법

도서관은 이용 가능한 개관일과 그렇지 않은 휴관일이 있습니다. 휴관일은 국경일과 국가가 지정한 공휴일, 그리고 각 도서관들이 매월 정한 날 뿐입니다. 따라서 그 날들을 제외한 일자에는 언제든 이용이 가능합니다. 그러므로 이용자(고객)들은 우선 개관일인지 아니면 휴관일인지의 여부를 가장 먼저 확인해야 합니다.

이어서 점검할 부분은 시간입니다. 대부분의 도서관들은 오전 9시부터 오후 6시까지 운영이 되지만, 기관마다 그리고 실마다 다른 점들이 있습니다. 예를 들어 공공도서관 가운데 열람실을 운영하는 곳들은 아침 8시부터 **밤 11시까지**, 종합자료실의 경우 야간 연장 개관을 하는 곳은 밤 10시까지도 이용할 수 있답니다. 그러므로 반드시 시간도 미리 점검을 하시면 이용에 무리가 없을 것입니다. 이 내용들은 도서관 홈페이지 내 도서관 안내에 **자세히 나와** 있기 때문에 **쉽게 확인할 수** 있을 것입니다. 만약 홈페이지에 접속을 했다면 다른 이용 방법들과 구성(어떤 공간들이 있고 그곳에서는 어떤 서비스들을 하고 있는지, 어떤 문화 프로그램이 있고 어떻게 참여할 수 있는지 등)도 확인해 보면 좋겠습니다.

확인을 마치고 도서관 이용을 위해 방문을 하게 되면 가장 먼저 회원 카드를 만들 필요가 있습니다. 카드는 1층에 있는 안내 데스크 혹은 자료실 내에서 만들 수 있으며, 회원으로 가입하게 되면 자료를 대출해 가는 것은 물론이고 자료실도 편하게 이용할 수 있습니다.

2) 이용 규칙

관종에 따라 주 이용자층이 다르기는 하지만, 결국 모든 도서관은 여러 사람이 함께 이용하는 곳이라는 공통점이 있습니다. 따라서 다른 공공 기관을 이용하는 것과 마찬가지의 기본 규칙이 있습니다. 다만 도서관은 다량의 정보를 다양한 방법으로 유통시키는 곳이라는 특징을 갖고 있으므로, 그에 따라 규정된 규칙이 있을 뿐입니다.

일반적으로 도서관에서는 책 등의 자료를 빌려갈 수 있다는 것을 잘 알고

계실 겁니다. 이때 자료의 대출은 도서관마다, 회원의 등급에 따라 종류와 양이 다를 수 있습니다. 또한 반납까지의 기간도 마찬가지이므로, 미리 확인을 한 뒤 규정에 맞게 이용을 해야 합니다. 만약 빌려간 자료를 기한 내 반납하지 않으면 차후 이용 시 제한을 받을 것이기 때문입니다.

이어서 도서관 내외 모든 공간은 공공 시설물이라는 것을 절대로 잊어서는 안 됩니다. 이는 소란, 흡연, 음주, 훼손 행위 등의 행위가 시설물 자체는 물론이고 다른 이용자(고객)들에게도 피해가 될 수 있다는 것입니다. 그러므로 내 집보다 더 아끼고 조심하는 자세를 갖고 이용하면 좋습니다.

최근 많은 공공도서관들이 열람실을 폐지하고 있습니다. 왜냐하면 도서관은 종일 머물며 공부를 할 수 있는 독서실이 아니기 때문입니다. 또한 열람실을 설치하게 되면 자료를 둘 수 있는 공간도 줄어들고, 무엇보다 자리 맡기나 소음, 악취 등으로 인한 민원도 계속 발생을 합니다. 비슷한 맥락에서 식당이나 매점도 아예 설치하지 않는 곳들도 있습니다. 결국 이런 선택은 도서관의 설립 및 운영 목적에 조금 더 부합되면서 보다 많은 사람들이 쾌적하고 유익하게 이용할 수 있도록 돕기 위함입니다. 그러므로 내 목적에 부합되지 않는다고 해서 지탄을 하는 자세 또한 공익에 맞지 않을 수 있습니다.

Imagine

☆

상상도서관

첫 번째 상상

다양성 : 대상별·주제별 도서관 설립

Library

다양성

대상별 · 주제별 도서관 설립

인간이 위대한 이유는 여러 가지가 있겠지만, 그 중 으뜸은 복합적인 생각을 할 수 있는 능력을 갖고 있다는 점일 것입니다. 이런 능력은 무엇인가를 끊임없이 창조해 내며 계속 발전시켜 나갈 수 있는 힘으로 이어져, 오늘날과 같은 세상을 만들어 내면서 지구에 공생하고 있는 다른 종들과의 격차를 더욱 벌어지게 만들었다고 할 수 있습니다. 즉, 생각하는 힘이 무엇인가를 발견하고 발명하게 만들어 인간이 지구상에 가장 잘 적응하며 생존해 나갈 수 있는 존재가 되는 토대가 되었다는 것입니다.

그렇다면 향후에는 어떨까요? 아마 여전히, 아니 더 뛰어난 생각을 할 수 있는 사람들은 계속 등장을 할 것이고, 그들의 생각 또한 멈추지 않을 것이기 때문에 어떤 미래가 펼쳐질지 짐작도 하기 어렵습니다. 하지만 발명(發明, invention : 창의적 아이디어로 지금까지 없던 새로운 물건을 만들거나 새로운 방법을 생각해내는 것)보다는 발견(發見, discovery : 자연에 이미 존재하지만 아직 찾지 못하거나 알려지지 않은 사물이나 현상, 사실, 과학 원리 등을 찾아내는 것)이 더 필요할 수 있습니다. 왜냐하면 우리는 이미 많은 것들을 갖고 있기 때문이지요. 물론 사람들은 더 나은 삶을 추구하기 때문에 계속 무엇인가를 발명해 내겠지만 그 수는 확연히 줄어들 것입니다. 대신 이미 있던 것들에서의 발견을 통해 조금 더 쓸모 있게 바꾸어 나가는 것의 비중이 클 것 같습니다.

이런 맥락에서 도서관과 발명은 접점을 찾기가 어렵습니다. 물론 소프트웨어적 측면에서의 구성(공간 구성, 프로그램 구성 등)과 연결 지으면 가능한 부분도 있겠습니다만, 일단 이 장에는 여러 도서관들을 통해 비교적 쉽게 발견한 종류에 대한 이야기로 채워보려고 합니다. 혹시 여러분들도 평소 도서관을 이용하다가 저와 마찬가지로 '이런 도서관도 있으면 좋겠다!' 또는 '이런 도서관도 있으면 재미있겠다!'는 생각을 해본 적이 있다면 공감할 수도 있겠습니다. 그럼 본격적으로 상상의 나래를 펼쳐보겠습니다.

1 다양한 대상을 위한 도서관 설립

우리나라에 설립 및 경영되고 있는 도서관은 국립도서관, 공공도서관, 작은도서관, 대학도서관, 학교도서관, 기타 도서관(장애인·병영·교도소·전문도서관 등)으로 구분 지을 수 있으며, 그 수는 2만 개가 넘는다고 이미 알려드렸습니다. 기억나시죠?

그런데 이 구분은 설립 및 운영 주체가 누구냐, 어느 곳에 있느냐, 주 이용(고객) 대상은 누구냐, 규모는 어느 정도냐의 기준에 따라 구분한 것들을 대표한 명칭일 뿐입니다. 이는 곧 다른 기준에 의해서 다른 사람이 구분을 짓는다면 결과 또한 달라질 수 있다는 의미입니다. 일례로 이용자(고객) 대상으로만 구분을 해보다면 '유아도서관', '어린이도서관', '청소년도서관', '성인도서관', '노인도서관' 등으로 나누는 것도 가능하겠습니다. 이미 '국립어린이청소년도서관'처럼 도서관 명칭에 어린이와 청소년이라는 대상이 포함된 곳들도 있으니까요.

그렇다면 어린이와 청소년을 제외한(사실 국립어린이청소년도서관도 두 대상을 아우른 곳이지 각각 독립된 곳으로 보기는 어렵지만) 유아, 성인, 노인도서관도 있을까요? 설립 및 운영 주체가 국립이나 공립이 아니며, 규모 또한 따지지 않고, 전문 사서 직원이 근무하고 있지 않는 상황도 모두 포함시켜 전국을 살펴보면 '노인도서관'은 분명히 있습니다. 전북 전주 덕진 노인복지회관 내에 있는 '노인도서관', 전북 정읍의 '실버작은도서관', 충북 제천 사랑의 집 내에 있는 '새솔노인도서관' 등 그 예가 있으니까요. 그러나 이 도서관들은 노인들을 위한 시설 내에 설치된 작은 공간에 불과합니다. 마치 학교도서관을 학교도서실로 부르는 측면과 같은 맥락입니다. 따라서 날로 증가하고 있는 많은 수의 노인들 다수가 편하게 이용할 수 있는 곳이라기보다는, 해당 시설이나 단지에 거주하는 분들만을 이용 대상으로 삼는다는 한계가 있겠습니다. 같은 맥락으로 생각해 보면 도드라지지만 않을 뿐, 어린이집이나 유치원 내에도 작은 도서실이 있을 테고 그곳을 '유아도서관'이라고 칭하면 됩니다. 그러나 제가 바라는 것은 국가나 각 지방자치단체에서 운영을 하며 누구나 편하게 이용할 수 있는 도서관입니다.

1) 노인도서관 설립의 필요성

2020년 1월 12일 행정안전부가 발표한 주민등록 인구통계 보도자료[2])에 따르면, 2019년 말 기준 주민등록 인구는 모두 5,184만 9,861명으로 집계됐다고 합니다. 이 가운데 65세 이상 고령 인구는 802만 6,915명으로 전체 인구 대비 15.5%를 기록해, 주민등록 인구통계를 공표하기 시작한 2008년 이후 최고치라고 하네요. 노인 인구가 20% 이상을 차지하게 되면 '초고령 사회'라고 칭하는데, 한국전쟁 직후인 1955년부터 가족계획 정책이 시행된 1963년까지 태어난 세대인 베이비부머(Baby Boomer)들만 727만 6,000명에 달한다고 합니다. 이 중 1955년생들이 2020년부터 노인 연령에 진입을 하고 이어서 차례대로 매년 70만 명에서 90만 명까지 포함이 되면, 2025년 즈음 우리나라의 노인 인구는 1,000만 명을 돌파한다고 합니다. 전체 인구 대비 20% 이상이 되는 것입니다.

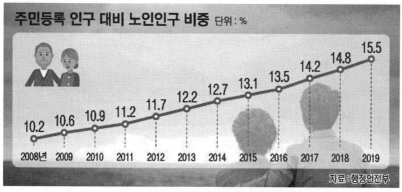

〈그림 1〉 주민등록 인구 대비 노인 인구 비중

---

2) 행정안전부 보도자료(https://www.mois.go.kr/frt/bbs/type010/commonSelectBoardArticle. do?bbsId=BBSMSTR_000000000008&nttId=75233)

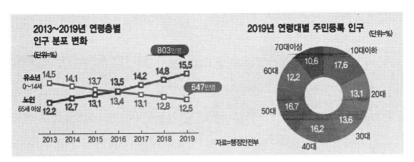

〈그림 2〉 연령층별 인구 분포 변화 및 2019년 주민등록 인구

이런 변화는 우리나라에서만 볼 수 있는 현상은 아닙니다. 하지만 다른 나라에 비해 빠른 편이라고 합니다. 따라서 국가적 차원에서의 대비가 이루어지고 있는데, 아직 노인도서관 설립 및 경영에 대한 상세한 계획은 나와 있지 않습니다. 따라서 다음과 같은 '노인도서관'을 상상해 봅니다.

(1) 위치 및 면적

예전에 지어진 공공도서관들은 주로 사람들의 생활공간에서 떨어진 한적한 곳에 있었습니다. 이는 상대적으로 비싼 부지의 가격, 오랜 시간 머물며 공부를 할 수 있는 공간을 원한 이용자들의 요구 등이 반영된 결과였을 것입니다. 따라서 현재의 관점으로만 보자면 아쉬운 점이 많지만, 서울특별시 강남구와 같이 여전히 도서관을 신설할 수 있을만한 공간을 만들어 내기 어려워, 구립으로 운영되는 도서관 대부분이 행정복지센터 내 공간 일부를 활용하고 있는 여건을 감안하면 납득이 가는 부분도 있습니다.

이런 점들을 고려했을 때 사실 노인도서관이 전국적으로 설립 및 경영만 될 수 있다면, 그 위치나 면적에 대해 불평을 하거나 불만을 가질 수는 없겠습니다. 다만 노년기는 아무래도 건강과 체력이 약해지기 때문에 무리

없이 접근할 수 있는 여건을 최대한 고려할 필요는 있겠습니다. 모든 도서관들이 이용자들의 생활 주기 안에 들어왔을 때 그 목적을 달성할 수 있으니까요. 그런 측면에서 많은 노인들이 이용하고 있는 노인복지관 근처가 최상의 위치가 아닐까 생각됩니다.

경기도 수원시 장안구 송죽동(송정로 9)에 가면 '슬기샘어린이도서관'이 있습니다. 이 도서관은 만석공원 내에 있는데, 바로 옆에 'SK청솔노인복지관'도 있습니다. 도서관이 먼저 지어진 뒤 노인복지관이 한참 뒤에 들어섰습니다만, 만약 노인복지관이 먼저였다면 이 도서관을 노인 전문 도서관으로 설립했어도 좋았을 것 같습니다.

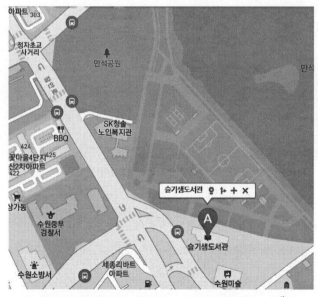

〈그림 3〉 슬기샘어린이도서관 및 SK청솔노인복지관 위치[3]

3) 카카오맵(https://map.kakao.com/?map_type=DEFAULT&map_hybrid=false&q=%EC%8A%AC%EA%B8%B0%EC%83%98%EC%96%B4%EB%A6%B0%EC%9D%B4%EB%8F%84%EC%84%9C%EA%B4%80&srcid=8409789&from=total)

이어서 면적은 넓을수록 좋겠지만, 지방자치단체별 여건에 맞출 필요가 있겠습니다. 참고로 2019년 11월에 지하 1층, 지상 3층의 총 4층 규모로 개관한 의정부미술도서관은 연면적(건물의 각층의 바닥면적의 합계 면적)이 6,565.20㎡라고 합니다. 이를 4층으로 나누면 한 층당 약 500평 정도가 되는 셈이네요. 이 정도의 공간이면 좁다는 느낌을 주지는 않겠습니다.

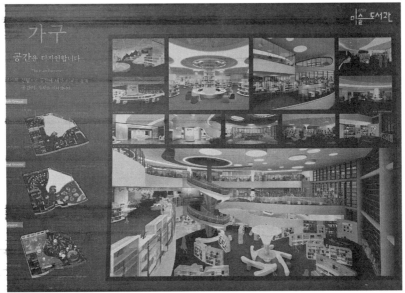

〈그림 4〉 의정부미술도서관 공간 구성도

(2) 구성

노인도서관의 주 이용 대상은 당연히 노인들입니다. 따라서 노인도서관의 외적·내적 모든 구성은 노인을 위한 것이어야 합니다. 하지만 어떤 구성이 노인을 위한 것인지에 대한 정답은 없습니다. 다만 발달적 특성, 지역사회 특성, 관내 거주 노인들의 특성 등을 고려해 최상의 선택을 하는 것이 중요하겠습니다. 다음의 내용들이 그 선택에 도움이 되기를 바랍니다.

① 건축 형태

다음 장에서 다시 화두로 삼겠습니다만, 저는 도서관 건축 형태와 로고 (상품이나 기업 및 기관 등의 조직에 적용되는 시각 디자인), 그리고 그 로고의 크기 및 게시 방식에 통일을 기할 필요가 있다고 생각합니다. 그래서 시민들이 도서관을 한 눈에 알아볼 수 있도록 했으면 좋겠습니다. 경찰서나 소방서, 우체국과 같은 기관들은 전국 어느 곳에 있든, 규모가 크든 작든 거의 비슷한 건축 형태와 로고를 사용하고 있습니다. 따라서 대부분의 사람들이 쉽게 무엇을 하는 곳인지 알 수 있습니다. 심지어 외국인들도 쉽게 알아차릴 수 있다고 생각됩니다.

그에 반해 도서관은 저마다 다른 건축 형태로 지어지기 때문에 건물만으로는 정체성을 명확하게 구분 지을 수 없습니다. 로고 또한 마찬가지입니다. 전국의 모든 도서관들 가운데 시립이나 구립으로 함께 묶인 곳들의 경우는 같은 것을 사용하기도 하지만, 전국적으로 확대해 보면 모두 다르다고 할 수 있습니다. 아예 로고 자체가 없는 곳도 많으니까요. 따라서 도서관이라는 정체성을 훌륭하게 시각화하기 위한 방안 모색을 먼저 했으면 좋겠는데, 여기 그 대표적인 사례가 있습니다.

길을 걷고 있는데 마치 책장에 커다란 책들이 꽂혀 있는 형태의 건물이 나타난다면 어떨까요? 아마 대부분의 사람들은 직관적으로 저 곳이 책과 관련이 있는 곳이라는 생각을 할 것입니다. 나아가 자연스럽게 그곳은 서점이거나 도서관, 아니면 출판사일 것이라는 생각의 확장을 기할 것입니다. 왜냐하면 이미 건물이 그렇게 알려주고 있기 때문입니다.

〈그림 5〉 미국 미주리주 캔자스시립도서관 주차장 남쪽 입구 외벽 전경

〈그림 5〉에서 보신 곳은 미국 미주리주 캔자스시(Kansas City)에 있는 시립도서관의 주차장 남쪽 입구 외벽으로, 2006년도에 새 주차장을 지으면서 멋지면서도 도서관을 상징할 수 있는 조형물을 고민했다고 합니다. 그래서 우선 시민들에게 가장 좋아하는 책에 대해 물어 총 22권을 선정[4]한 뒤, 그 책들이 마치 책장에 꽂혀 있는 것처럼 폭 8미터, 높이 3미터의 외벽을 꾸몄다고 합니다. 그 결과 전 세계에 있는 많은 도서관 중에서 '도서관'의 정체성을 시각적으로 가장 잘 보여주고 있는 곳이라는 평가를 받는 것은 물론, 시민들의 자랑이 된 곳이라고 하네요. 창의적인 발상이 어떤 결과로 이어졌는지 잘 보여주는 사례가 아닌가 생각됩니다. 더불어 우리도 충분히 가능할 시도가 아닌가 생각됩니다. 따라서 이런 가능성을 우선 노인도서관에 적용해 보려고 합니다.

---

4) '로미오와 줄리엣', '허클베리핀의 모험', '반지의 제왕', '두 도시 이야기', '투명 인간', '도덕경', '플라톤', '화씨 451', '검은 고라니는 말한다' 등의 책이 선정되었다고 합니다.

〈그림 6〉 청운문학도서관 외부

　〈그림 6〉은 서울특별시 종로구 자하문로 인왕산 자락에 있는 '청운문학도서관'입니다. 이곳은 2014년에 개관했는데, 원래 공원관리사무소로 사용하던 낡은 2층짜리 양옥 건물을 헐고 자연 환경을 해치지 않기 위해 전통 건축 양식인 한옥으로 지었다고 합니다. 더불어 도서관 1층 한옥의 지붕은 전통 방식으로 제작된 수제 기와를 사용했으며, 담장 위에 얹은 기와는 돈의문 뉴타운 재개발 지역에서 철거된 한옥의 기와 3,000여 장을 가져와 재사용했다고 하니, 여러 의미가 담겨 있는 건물임에 틀림없습니다. 근처에는 '윤동주 문학관'과 '시인의 언덕'도 있기 때문에 시·소설·수필 위주의 '문학 특성화 도서관'으로 운영하면서, 이용자(고객)들에게 각종 독서모임 장소와 창작활동이 가능한 공간을 제공하는 것은 물론 국내 문학작품 및 작가 중심의 기획전시와 인문학 강연, 시 창작교실 등도 운영하고 있다고 합니다. 그러면 〈그림 7〉을 통해 내부의 모습도 살짝 보겠습니다. 마치 잘 정비된 한옥 호텔 느낌이 난다고 생각되겠지만, 이곳은 분명 공공도서관입니다.

〈그림 7〉 청운문학도서관 내부

자, 이쯤 되면 제 의도가 무엇인지 아시겠지요? 맞습니다. 저는 노인도 서관의 건축 형태는 '한옥'이 어떨까 싶습니다. 그래서 전통미도 살리고 대상별 구분도 지을 수 있다면 좋겠습니다. 노인이라고 해서 모든 분들이 한옥을 정겹게 느끼지는 않겠지만, 자꾸만 전통이 사라져 가는 상황이므로 분명 고향집에 온 듯한 정겨움은 더 느끼실 거라고 생각됩니다. 서울특별시 종로구 숭인동길에 위치한 '도담도담 한옥도서관' 한 곳을 더 소개합니다.

〈그림 8〉 도담도담 한옥도서관

② 도서관 외부

노인도서관에는 너른 마당이 있으면 좋겠습니다. 마당에는 평상을 놓아 누구나 잠시 앉아 쉬어갈 수 있게 해주면 어떨까요? 예쁜 꽃들이 피어 있는 꽃밭과 나무들, 연못도 있으며, 그 아름다운 경치를 둘러볼 수 있는 정자(亭子)도 세워진다면 한옥도서관 건물과도 잘 어울리면서, 동시에 우리나라 전통 정원의 느낌도 살릴 수 있겠습니다.

〈그림 9〉은평역사한옥박물관 뒤뜰에 있는 정자

내친김에 도서관 뒤뜰에는 텃밭과 장독대를 만들어 두어도 좋겠습니다. 텃밭 가꾸기는 일자리 사업으로도 활용되고 있는 등 노인들의 건강 증진과 경제적 측면에 도움이 될 수 있는 활동이라 여겨지고 있습니다. 때문에 노인들에게 많이 권장되기도 하고, 이미 많은 분들이 실천도 하고 계십니다. '서울시립 은평노인종합복지관'처럼 뒤뜰에 텃밭이 조성되어 해마다 노인들이 소규모 농사를 짓게 하는 곳도 있고, '오산시중앙도서관'과 같은 공공도서관에도 이미 텃밭이 있습니다. 따라서 텃밭 조성이 가능하다면 노인도서관 내 관련 동아리를 만들어 그 분들이 자율적으로 운영할 수 있도록 하면 되겠으며, 만약 이 방안을 적용하기 어렵다면 도서관 건물의 옥상을 활용하는 것도 좋습니다. 실제로 '안양시립어린이도서관'에서도 옥상에 텃밭을 가꾼 적이 있고, '은평구립 구산동도서관마을'에서는 토마토나 상추를 심은 화분을 옥상에 놓은 적이 있답니다.

〈그림 10〉 오산시중앙도서관 텃밭

〈그림 11〉 은평구립 구산동도서관마을 옥상 내 화분

추가로 뒤뜰 한쪽에는 장독대를 설치해 보면 어떨까요? 마찬가지로 동아리 회원들이 간장이나 고추장과 같은 장을 담가 보관할 수 있도록 하는 것입니다. 50대 이하 세대 중에는 장을 담그거나 김치 만드는 방법을 모르는 분들이 점점 많아지고 있다고 합니다. 재료를 준비하고 담그는 것이 여러모로 비效율적이라고 생각하여 사먹기 때문입니다. 하지만 그럼에도 직접 담가서 먹는 것이 건강에는 훨씬 좋다는 것을 알고 있습니다. 따라서 텃밭에 재배한 농작물로 김치를 만들거나 장을 담그는 프로그램이 열려도 좋겠습니다. 나아가 이런 계기로 만들어진 김치나 장은 관내 복지시설에 보내거나 바자회를 열어 판매를 한 다음, 그 수익금을 기부하는 것도 좋겠습니다. 만약 이 방안이 실천된다면 지역 내 여러 기관들의 연계, 도서관을 이용하는 여러 세대의 연결, 나아가 도서관을 이용하지 않는 잠재 고객들을 끌어올 수 있는 기회가 될 것이라 생각됩니다.

이상으로 '노인도서관의 외부'라는 주제로 건물 형태와 주변 공간에 대한 상상을 펼쳐봤습니다. 정리하자면 노인도서관은 한옥 형태로 지었으면 좋겠고, 마당에는 정자나 평상, 꽃밭, 연못을, 그리고 뒤뜰에는 텃밭과 장독대를 설치했으면 좋겠다는 것입니다. 그런데 여전히 노인도서관이 현대식 건물이어야 한다면 '서귀포기적의도서관'처럼 건물 내에 중정(中庭 : 건물 안이나 바깥채 사이의 뜰)을 만들고 그 안에 화단을 조성하는 것도 또 다른 방법이 되겠습니다. 이쯤 되면 제가 너무 마당이나 꽃에 집착하는 것처럼 보일지 모르겠지만, 어쨌든 노인들이 자연을 가까이 하셨으면 좋겠다는 바람 때문입니다.

〈그림 12〉 서귀포기적의도서관 중정

③ 도서관 내부

공공도서관은 지하 1층에 지상 3층이나 4층, 그래서 총 4층이거나 5층인 건물이 많습니다. 도서관을 반드시 지상 5층 이내로 지어야 한다는 법규는 없으나, 건축 부지의 크기 및 전체 예산과 관련된 선택이 아닌가 생각됩니다. 또한 그 정도 규모면 기존에 운영해 오던 자료실 설치에 무리가 없다고 판단한 측면도 있겠습니다. 도서관 내부 구성을 살펴보면 대동소이합니다. 먼저 〈그림 13〉을 통해 공공도서관 한 곳이 층별로 어떤 구성을 띠고 있는지 살펴봅시다.

〈그림 13〉 인천광역시 청라호수도서관 층별 안내

〈그림 13〉은 인천광역시 서구 크리스탈로에 위치한 청라호수도서관의
층별 안내입니다. 어린이자료실, 일반자료실, 참고·연속간행물실 등 각
층에 있는 자료실과 기타 시설에 대한 안내가 잘 되어 있는 것을 확인할
수 있습니다. 다만 지하층이 없기 때문에 그에 대한 안내는 빠져 있네요.

그렇다면 지하층이 있는 도서관들은 그곳에 어떤 공간을 설치했을까
요? 경우에 따라 다르겠지만 주차장, 기계실, 식당이나 매점, 휴게실, 프
로그램실과 강당, 보존 서고 등이 설치되어 있을 가능성이 높습니다. 아
파트나 기타 건물을 지을 때에도 지하층을 필수로 확보해 추가 공간으로
활용하고 있는 것처럼, 도서관에서도 지하층은 필수 공간이라고 할 수 있
겠습니다. 다만 지하를 아주 깊게 파는 것 같지는 않습니다. 그 또한 이유
가 있겠지요.

다음의 〈그림 14〉는 수원시 권선구 세권로에 있는 '수원시립 버드내도서관'의 층별 안내입니다. 이 곳은 지하층이 있기 때문에 그에 대한 안내를 해주고 있는 점이 보이지요? 또한 '건강'이라는 주제로 특화를 기하고 있는 곳이어서 1층에 '건강 정보실'을 두고 있다는 점이 특별합니다.

〈그림 14〉 수원시립 버드내도서관 층별 안내

이상과 같이 도서관 두 곳의 층별 안내를 통해 내부 구성을 살펴봤습니다. 그렇다면 노인도서관의 내부 구성은 어때야 할까요? 다음과 같은 모습을 상상해 봅니다.

우선 노인도서관의 내부는 단순했으면 좋겠습니다. 노인들이라고 해서 덜 필요로 하는 정보가 있는 것도 아니고, 멀티미디어를 다루는 실력이 부족하다고 할 수는 없습니다. 다만 노인들이 더 필요로 하는 건강과 같은 정보를 위주로 복잡하지 않게, 그리고 쉽게 찾아 이용할 수 있도록 구성했다면 좋겠다는 뜻입니다.

〈그림 4〉를 통해 소개한 바 있는 '의정부미술도서관'으로 다시 가보면, 이곳은 1층을 넓은 홀처럼 탁 트인 공간으로 만들었습니다. 때문에 층고가 훨씬 높아 보이는 것은 물론이고, 전면을 유리로 만들어 채광 또한 좋게 만들었습니다. 게다가 더욱 놀라운 점은 서가의 높이를 낮추고 책을 앞표지가 보일 수 있도록 놓아두었다는 점입니다. 보통 잡지를 놓는 방식에나 쓰이던 방식이지요. 왜냐하면 이런 구성은 많은 자료를 꽂을 수 없기 때문입니다. 안 그래도 자료가 계속 늘어나게 되면 보관할 공간의 문제가 생기는 도서관에서, 보다 많은 양을 배가하거나 보존할 수 있는 방안보다 이용자(고객)들의 편의를 더 고려했다는 측면에서 감동이 아닐 수 없습니다. 〈그림 15〉와 〈그림 16〉을 통해 '의정부미술도서관'의 1층 전경과 서가의 모습을 확인해 보시지요.

〈그림 15〉 의정부미술도서관 1층 전경

〈그림 16〉 의정부미술도서관 1층 서가

저절로 감탄사가 나오지요? 실제로 보면 더욱 놀랍답니다. 그러니 아직 가보지 않은 분들은 시간을 내서 직접 찾아가 보시기 바랍니다.

다시 본론으로 돌아와서 노인도서관의 서가 및 자료 배치도 이와 같았으면 좋겠습니다. 더불어 책의 경우 노인들의 시력 저하를 고려해 '큰 글자 책'으로만 비치를 할 필요도 있습니다. 물론 아직까지는 큰 글자 책의 출간 양이 적다는 한계가 있지만, 2009년부터 한국도서관협회가 문화체육관광부의 지원으로 대활자본 제작 사업을 꾸준히 실천해 왔습니다. 그 결과 2019년까지 215종 226책을 제작해 1천여 곳이 넘는 전국의 공공도서관에 보급도 했습니다. 그러므로 이미 제작이 완료된 226책을 우선적으로 비치하고, 이어서 각 출판사에 협조를 구해 더 많은 책을 수집할 필요도 있겠습니다. 한국도서관협회에서 선정 및 제작한 2019년 및 2018년 대활자본 목록은 부록의 〈표 1〉과 〈표 2〉를 참조하시기 바랍니다.

　두 번째로 노인도서관에는 '건강 쉼터'가 설치되면 좋겠습니다. 〈그림 14〉에서 소개한 수원시립 버드내도서관 층별 안내를 다시 보면 1층에 '건강 정보(자료)실'이라는 곳이 있습니다. 이곳은 무엇을 하는 곳일까요? 맞습니다! 이 도서관이 '건강'이라는 주제로 특화를 기하고 있기 때문에 관련된 자료를 이용할 수 있는 것은 물론이고, 건강 증진을 위해 안마 의자, 발 마사지기, 혈압계, 신장 및 몸무게 측정기도 설치되어 있습니다. 건강에 관한 자료도 찾아보면서 마사지까지 받을 수 있다면 도서관에 가지 않을 이유가 없겠습니다.

　세 번째로 노인도서관에는 '기억의 방'도 설치되기를 바랍니다. '기억의 방'은 노인들의 개인사를 보존하기 위한 곳으로, 문화체육관광부가 주최하고 한국도서관협회가 주관한 '길 위의 인문학' 사업에 참여한 많은 공공도서관들이, 노인을 대상으로 자서전 (그림책) 쓰기 프로그램을 통해 생산된 작품들을 순차적으로 보관하고, 이어서 소장된 작가의 자녀들은 물론이고 지역 주민들에게도 열람할 수 있는 기회를 주어, 개인의 역사에 담겨 있는 마을(지역)의 역사, 나아가 국가의 역사를 기록으로 남겨 계승하자는 취지입니다.

　2019년 '파주중앙도서관'에서는 마을 아카이브를 위한 기획의 일환으로 '사람을 기록하다, 마을을 기록하다'라는 주제 강연을 총 7차에 걸쳐 실시한 적이 있습니다. 또한 '영등포구립도서관' 중 '문래정보문화도서관'과 '선유정보문화도서관'에서도 우리 마을의 문화와 역사를 기록으로 남기기 위한 '생활기록학교'를 각각 4차에 걸쳐 실시했습니다. 이런 프로그램들은 마을에 대한 기록을 남긴다는 취지이기 때문에, 결국 사람에 의해 실시가 되어야 하고, 그 내용의 중심에도 사람이 포함될 수밖에 없습니다. 따라서 기록을 통해 기억으로 남기고자 하는 마을과 사람에 대한 역사를 노인들이 쓴 '자서전(또는 자서전 그림책)'으로 대체하자는 의견입니다.

다음의 〈그림 17〉부터 〈그림 20〉까지는 경기도 여주시에 있는 '책배여강'이라는 단체에서 경기문화재단의 지원을 받아 삼합리에 살고 계신 노인들과 함께 펴낸 자서전 그림책 가운데 두 편의 제목과 저자 정보입니다.

그 중에서 먼저 '삼합리 이야기'라는 책은 이 마을이 왜 '삼합리'라고 불리는가에 대한 유래를 알려주는 것으로 시작됩니다. 내용을 살펴보니 '삼합리'가 된 이유는 그곳이 점동, 부론, 양성이 만나고, 남한강, 섬강, 청미천이 합쳐지는 곳이기 때문이랍니다. 게다가 경기도와 충청도, 강원도의 세 도가 서로 이웃하기 때문이기도 하답니다. 도(道)와 면(面), 강 세 개가 합쳐지는 곳이라는 뜻이지요. 더불어 이 책에는 예로부터 피부병을 예방하고 치료해 준다는 '삼샘'과, '용소'라고 부르는 '용쟁이 저수지', 3 · 1 운동 때 횃불을 올렸다는 '봉화봉', 정월대보름(음력 1월 15일)에 했다는 '쌍용거 줄다리기'에 대한 이야기도 담겨 있습니다. 그야말로 역사책이 아닐 수 없습니다.

이어서 '나는 몰랐지'라는 자서전 그림책은 1939년생인 전경자 할머니께서 갓 시집을 왔을 때, 시누이가 참외 서리를 가자고 해서 따라 나섰다가 겪게 된 일이 담겨 있습니다. 지극히 개인적인 경험이지만, 참외 농사를 지었던 마을의 상황과 서리라는 풍습 등이 재미있게 묘사되어 있습니다. 따라서 개인의 기억으로만 치부하기에는 아쉽지요.

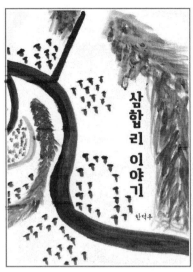

〈그림 17〉 삼합리 이야기 표지

한덕우

"그림 그리는 게 뭐 어려워. 그냥 하면 되는 거지, 안 그래?"

1940년 생.
삼합리와 삼합리 사람들에 대해 알고 싶으면 한덕우 어르신을 찾아 가
세요. 마을의 모든 것을 기억하고 있는 정보통이시니까요. 잊혀져가는
마을 이름의 유래와 역사를 그림책으로 지으셨어요.

〈그림 18〉 삼합리 이야기 저자 정보

〈그림 19〉 나는 몰랐지 표지

전경자

"말이라고 해. 그림책을 만드니 재미나고 좋지!"

1939년 생
외동딸로 태어나 귀하게 자라셨대요. 스무 살에 중매로 결혼을 해 삼
남매를 두고 시집살이도 없이 결혼 생활을 하셨고요. 지금도 기억에
선명한 새색시적 참외 서리한 이야기를 그림책으로 지으셨어요.

〈그림 20〉 나는 몰랐지 저자 정보

이상과 같이 노인도서관 설립을 바라는 마음과 구성 방안에 대해서도 상상해 봤습니다. 물론 그밖에 구성에는 추가될 사항이 많겠습니다만, 떠오른 생각들 중에서 우선적으로 설치되었으면 하고 바라는 것들만 나열해 봤습니다. 그럼 이제 두 번째 상상으로 넘어가 보겠습니다.

2) 성인도서관 설립의 필요성

공공도서관의 주 이용자는 주부와 아동들입니다. 최근 노인 인구의 증가에 따라 그들의 도서관 이용률 또한 높아졌지만, 여전한 강자는 주부와 아동들입니다. 반면 청소년들과 직장인들은 가장 적게 찾는 대상입니다. 그렇다면 주부와 아동들이 공공도서관을 가장 많이 이용하는 이유는 무엇일까요? 그 이유를 다음과 같이 정리해 봤습니다.

첫째, 다른 대상들보다 공공도서관을 이용할 수 있는 시간적 여유가 많습니다. 우선 중·고등학교에 다니는 학생들은 학교 수업도 늦게 끝나는데, 끝나자마자 학원으로 가야 하거나 야간 자율학습까지 해야 하는 경우가 많습니다. 주말이라고 상황은 딱히 달라지지 않기 때문에, 상대적으로 도서관에 찾아갈 시간이 적습니다. 게다가 공공도서관은 초등학교 근처에 있는 경우가 많습니다. 물론 학교도서관(실)도 있겠지만 초등학교의 경우 오후 4시 40분이면 문을 닫습니다. 하지만 공공도서관은 오후 6시까지 이용할 수 있기 때문에 집으로 오는 길에, 혹은 집에 들렀다 갈 수도 있습니다. 그러니 이용이 잦을 수밖에 없습니다.

둘째, 예로부터 독서능력과 학습능력은 정비례 한다고 했습니다. 따라서 중·고등학교에 진학하면 시간도 부족하기 때문에 학부모들은 자녀들이 초등학생 때 더 많은 독서를 할 수 있도록 노력합니다. 학습 성과가 좋아야 좋은 대학에 진학할 수 있고, 또 그런 다음에야 좋은 직장에 들어갈 수 있다는 믿음은, 부모 혼자서라도 공공도서관에 들러 자녀가 읽을 책을 몇 십 권 씩 빌려가게 만듭니다. 또한 주말에도 가족의 나들이 장소는 도서관으로 한정되는 경우도 많습니다.

셋째, 독서는 올바른 인성을 확립하는 데에도 반드시 필요한 활동입니다. 따라서 어릴 때부터 독서를 시키려는 부모들이 많습니다. 마침 공공도서관에는 집에서 다 구비할 수 없는 좋은 책들이 많으니 찾아가는 노력만 더한다면 얼마든지 읽을 수 있는 여건이 마련됩니다. 게다가 열심히 독서하는 다른 아이들을 보며 자극을 받을 수도 있겠지요. 독서를 많이 한 사람 중 훌륭한 인성을 바탕으로 위인의 반열에 오른 사람들이 많습니다. 따라서 그들을 모델로 삼은 부모들은 자녀에게 독서를 더욱 강조할 것입니다.

넷째, 공공도서관에서 기획 및 운영하는 프로그램의 참여 대상이 대부분 주부와 아동입니다. 프로그램을 운영하는 도서관 입장에서는 호응도 좋고 결과도 만족스러운 대상을 선정할 수밖에 없을 것입니다. 그 결과 상대적으로 참여가 적은 청소년이나 성인 남성을 위한 프로그램은 시작 자체가 안 될 위험성이 높습니다. 그래서 모집에 대한 부담이 적은 주부와 아동을 주 대상으로 프로그램을 기획 및 운영합니다. 상황이 그렇다 보니 프로그램에 참여하느라 공공도서관에 방문할 기회를 더 갖게 됩니다.

이상과 같이 열거를 하다 보니 공공도서관을 이용하는 성인들 중 상당수는 주부이고, 그들의 방문은 결국 자녀의 독서를 위함입니다. 그렇다면 자의든 타의든 공공도서관을 가장 많이 활용하는 대상은 어린이들이라고 할 수 있겠습니다.

그래서인지 우리나라에는 어린이들만을 주 대상으로 하는 '어린이도서관'이 많이 있다는 사실을 알고 계신가요? 국립어린이청소년을 필두로 전국에는 102개(2020년 1월 23일 기준)의 어린이도서관이 있답니다. 이 수는 2018년 기준 전국의 공공도서관 1,096개의 9.2%를 차지합니다. 따라서 공공도서관의 최대 수혜자라고 할 수 있는 어린이들은 굉장히 좋은 독서 환경 속에 살고 있다고 할 수 있겠습니다.

〈그림 21〉은 현존하는 어린이도서관 중에서 가장 오랜 역사를 자랑하는 '서울시립 어린이도서관'의 개관식 때 사진입니다.

〈그림 21〉 서울시립 어린이도서관 개관식[5]

5) 서울역사아카이브(https://museum.seoul.go.kr/archive/archiveView.do?type=B&arcvGroupNo=4222&lowerArcvGroupNo=4226&arcvMetaSeq=33854&arcvNo=97391)

이어서 우리가 주목해 볼 일은 전국적으로 어린이도서관 설립의 필요성을 인식시키는 계기가 되었던 '기적의도서관' 설립 운동입니다. '기적의도서관' 설립 운동은 '책읽는사회문화재단'과 지방자치단체, 그리고 MBC-TV 프로그램 《느낌표》의 '책책책 책을 읽읍시다!' 코너가 협력하여 만들기 시작해 현재까지 이어지고 있습니다. 방송 당시 자신이 살고 있는 지역에 '기적의도서관'이 설치되기를 간절히 바랐던 사람들, 결국 선정이 되어 환호하던 그들의 모습이 지금도 선명히 떠오릅니다.

어린이도서관의 상징과도 같은 '기적의도서관'은 2020년 2월 현재 전국 14곳에 설치되어 있으며, 2021년도에는 15번째 도서관이 문을 열 예정입니다. 물론 '기적의도서관' 중에는 어린이를 넘어 일반 공공도서관처럼 모든 대상을 위한 곳도 있습니다만, 첫 이미지 때문인지 어린이들이 주 이용자인 것처럼 생각됩니다. '순천기적의도서관' 설립 이후 각 지자체에서 어린이도서관 설립은 유행이 됐습니다. 때문에 현재는 '기적의도서관'을 넘어 '어린이도서관' 자체가 전국적으로 꽤 많이 증가한 상황입니다. 기적의도서관 설치 현황은 부록에 있는 〈표 3〉을 참조하시기 바랍니다.

이제 관심을 청소년 쪽으로 옮겨 보겠습니다. 어린이도서관은 계속 설립 및 운영이 잘 되고 있는데, 그렇다면 '청소년도서관'은 어떨까요? '국립어린이청소년도서관'이 국가를 대표하여 어린이는 물론 청소년도 대상으로 삼고 있지만, 전국적으로 훑어봐도 청소년만을 대상으로 경영되고 있는 공공도서관은 손가락에 꼽을 정도입니다. 따라서 서울특별시 강서구에 있는 '강서구립 푸른들청소년도서관' 같은 곳은 그 가치가 높다고 할 수 있습니다. 하지만 아동문학과 성인문학 사이에서 '청소년문학'이 태동되어 자리를 잡은 것처럼, 곧 청소년도서관도 늘어날 것이라고 예상해 봅니다.

자, 그럼 이제부터 본격적으로 성인도서관에 대한 상상을 펼쳐보겠습니다. 공공도서관 이용자(고객)의 대부분이 성인들인데, 왜 별도의 도서관을 설립해야 한다고 주장하는가에 대해 의구심을 갖고 계신 분들도 있겠습니다. 그래서 궤변 같을 수도 있지만 먼저 나름의 이유를 밝혀 봅니다.

먼저 우리나라의 1인 가구는 전체 인구의 30%에 육박한다고 합니다. 통계청의 2018년 인구주택총조사 결과에 따르면[6] 2018년 우리나라 1인 가구는 585만 가구로 전체의 29.3%를 차지했습니다. 그리고 2019년에는 29.8%가 되었으며, 2040년에는 35%를 넘을 것이라고 예측됩니다. 이는 현재 서너 집 건너 한 곳에는 한 사람만 살고 있다는 것이며, 향후에는 그런 집들이 더 늘어날 것이라는 의미입니다. 아마 그들은 모두 성인들일 테지요.

이처럼 혼자 살고 있는 성인들은 혼자서 밥을 먹고, 혼자서 영화를 보며, 혼자서 술도 마실 겁니다. 여행도 혼자 갈 수 있지요. 처음에는 그것이 싫고 어색했을지 모르겠지만, 어느덧 혼자 하는 것에 익숙해지면서 더 편하다는 점도 알게 될 겁니다. 그래서 더욱 혼자에 충실해지겠죠. 따라서 성인도서관은 이런 추세를 반영하자는 취지입니다. 성인들만 들어와서 혼자 많은 것들을 이용할 수 있는 공간으로써 말이죠.

그러기 위해서는 우선 미성년자와 노인에 대한 입장 제한부터 이루어져야 하겠습니다. '노 키즈 존(No Kids Zone : 어린이들의 안전사고 방지 및 다른 이용자들의 편의 등을 목적으로 어린 아이의 입장을 제한하는 공간)'이라는 용어를

---

6) 국가통계포털 (http://kosis.kr/statisticsList/statisticsListIndex.do? menuId=M_01_01
&vwcd=MT_ZTITLE&parmTabId=M_01_01&statId=1962005&themaId=H#H21.3)

들어본 적 있으시죠? 물론 법적 규제는 아니며 이로 인해 성인들 간에 갈등도 많다는 것을 압니다만, 부모들도 때로는 자녀들로부터 해방되고 싶다는 생각을 하게 될 때가 있습니다. 그러므로 자녀가 없는 분들은 그런 마음을 항상 갖고 있다는 전제 하에, 성인도서관에는 아이들의 출입을 원천 차단하는 것도 좋겠습니다. 만약 자녀와 동반 입장을 원하는 성인이 계시다면 일반 공공도서관의 어린이자료실이나 어린이도서관을 이용하면 되겠습니다. 청소년은 청소년도서관으로, 노인들은 노인도서관으로, 성인들은 성인도서관으로, 그래서 자신들에게 알맞은 환경 속에서 자료 등을 이용하면 되는 것이죠.

성인도서관에 조금 더 파격적인 시도를 더하자면 일명 '19금 자료실'도 포함시켰으면 좋겠습니다. 인터넷 사이트에서 관련 자료를 보려면 성인 인증 과정을 거쳐야 하지만, 이미 성인도서관에 입장을 한 사람들은 그 자체로 검증을 받은 상태입니다. 따라서 아동·청소년일 때는 제약 때문에 볼 수 없었던 자료들을 눈치 볼 것 없이 열람할 수 있는 환경을 만들어 주면 어떨까요? 특히 성(性)과 관련된 자료를 비치하면 인기가 매우 높을 것으로 예상됩니다. 괜히 이런 자료들 때문에 변태(성적으로 비정상적인 행동을 하는 사람) 같은 이용자들만 그득하면 어쩌나, 관련 범죄가 발생하면 어쩌나 하는 걱정도 생기겠지만, 이 자료실을 위한 적정 운영 규정이 마련된다면 시도해 볼 가치가 있다고 생각됩니다. 또한 지금은 성인용품점이 많아졌으며, 그곳을 이용하는 사람들의 숫자도 증가한 점에서 알 수 있듯이, 음지에 있던 성이 양지로 많이 나온 상태입니다. 따라서 성을 더욱 건강하게 이용할 수 있는 노력을 도서관에서도 앞장설 수 있기를 희망해 봅니다.

기타 주제별·대상별 도서관의 설립

2020년 1월 14일자 경인일보[7]를 보면 인천광역시에서 10월 개관을 목표로 '성평등 자료실' 설치를 추진하고 있다는 기사가 실려 있습니다. 이 기사에는 서울특별시와 서울특별시 여성가족재단이 만든 성평등 정책 전문도서관 '여기'도 소개를 하고 있는데, 아마 이 글을 통해서 이런 도서관이 있다는 사실을 처음 알게 된 분들도 계실 겁니다. 하지만 이와 같이 대부분의 분들에게는 생소할 도서관들은 더 있으며, 이런 곳들도 일반적으로 인식될 수 있으면서 혹시 남아 있을지 모르는 편견도 없애주는 차원에서 더 다양하게 설립되었으면 좋겠다는 바람입니다. 그렇다면 어떤 주제별 도서관이 있는지 정리해 보겠습니다.

① **성평등 도서관 '여기'** (http://www.genderlibrary.or.kr)

동작구 여의대방로에 위치하고 있는 성평등도서관 '여기'는 서울특별시와 서울특별시 여성가족재단이 시민과 함께 만드는 성평등 정책 전문도서관입니다. 이곳은 여성이 기록하고 여성을 기억하는 공간, 바로 이곳(Here)이라는 의미를 담고 태어난 국내 최초의 젠더라이브러리로, 서울특별시와 시 자치단체, 유관 기관의 정책 자료, 여성 단체 현장의 기록을 모아 정책 박람회, 전시, 교육 등을 실시합니다.

② **신나는 여성주의도서관 '랄라'** (https://blog.naver.com/sssbp)

인천광역시 부평구 후정동로에 위치하고 있는 신나는 여성주의도서관

---

7) 경인일보 (http://www.kyeongin.com/main/view.php?key=20200113010003180)

'랄라'는 인천여성회 부평구지부 부설 기관으로 설립된 곳입니다. 이곳에서는 여성과 이야기를 주제로 여러 활동들이 펼쳐지고 있습니다.

③ 다문화어린이도서관 '모두' (http://www.modoobook.org/xe/)

서울특별시 동대문구 이문로에 위치하고 있는 다문화어린이도서관 '모두'는, 지금은 파산한 어느 기업의 후원으로 설립되어 다문화 가정의 어린이들과 부모님들이 책과 함께 소통할 수 있는 공간이 되었습니다. 180개 이상의 국가에서 온 사람들이 함께 살아가고 있으며, 다문화 가구 30만 명 이상이 된 우리나라에 다문화 관련 도서관으로써는 상징적 의미가 있는 곳이라고 할 수 있습니다.

④ 음악도서관 '양천구립 신월음악도서관' (https://www.yangcheon.go.kr/lib/libsin/main.do)

양천구 오목로에 위치하고 있는 '양천구립 신월음악도서관'은 2006년 2월 지역 주민들을 위한 독서 문화 형성과 지식 정보 제공을 위해 신월 4동 복합청사에 설립된 곳입니다. 시(市)나 구(區)에 속해 있는 공공도서관들은 주제가 겹치지 않게 특화를 기하고 있는데, 양천구립도서관에는 '신월음악도서관'은 물론이고 '목마교육도서관', '개울건강도서관', '방아다리문학도서관', '해맞이역사도서관', '영어특성화도서관' 등이 있습니다.

⑤ 미술도서관 '아트도서관' (http://artbook.itrocks.kr)

대구광역시 수성구 공경로에 있는 '아트도서관'은 우리나라에서 처음으로 문을 연 미술 전문도서관으로 2014년 7월 17일에 개관했으며, 3만여종 9만여 권이 넘는 장서를 소장하고 있습니다. 장서의 종류로는 순수미술과 디자인, 사진, 건축, 공예, 실내장식, 패션, 도예, 일러스트레이션, 서예, 조경, 공공디자인, 애니메이션, 만화, 꽃꽂이, 고미술 등 시각 예술의 총체들이 모두 있다고 합니다.

⑥ 영화전문도서관 '한국영상자료원 영상도서관' (https://www.koreafilm. or.kr/library/main)

문화체육관광부에서 운영하는 한국영상자료원은 다시 볼 수 없는 예전 영화들의 상영과 영화 관련 자료들의 연구 및 지식 창출을 위해 개방하고 서비스하는 역할을 위해 영상도서관을 운영 중입니다. 영상도서관은 서울특별시 마포구 상암에 있는 본원과, 파주 보존센터, 부산 분원에도 있으며, 사전 예약 후 영화를 보거나 시나리오를 읽을 수도 있습니다.

⑦ 만화도서관 '한국만화도서관' (http://lib.komacon.kr)

한국만화도서관은 한국만화박물관과 함께 경기도 부천시 원미구 길주로에 있는 한국만화영상진흥원(http://www.komacon.kr/komacon) 내에 있습니다. 한국만화영상진흥원은 만화 영상 콘텐츠 산업의 중심 기지로서 한국 만화의 가치 증대를 위해, 만화 영상 문화 서비스 활성화, 만화 콘텐츠 제작 및 유통 역량 강화, 만화 영상 산업 클러스터 고도화, 시장 창출형 해외 교류 확대, 국가 정책 개발을 통한 기관 역할 강화를 목적으로 설립 및 운영되는 기관이며, 이 목적들을 달성하기 위한 일환으로 만화박물관과 만화도서관, 디지털만화규장각도 함께 설치해 두고 있습니다.

⑧ 족보도서관 '부천족보전문도서관' (http://www.jokbo.re.kr)

경기도 부천시 부천로에 있는 '부천족보전문도서관'은 1988년 10월에 개관한 곳으로, 모든 사람들에게 있는 조상님들의 고귀한 정신적 유산을 발굴 및 수집, 보관, 관리하여 훌륭한 사상을 체계화하고, 뚜렷한 민족 주체 의식으로 고착시켜 천세만세 우수한 민족으로 세계의 리더가 될 수 있기를 바라는 마음으로, 각 성씨의 족보, 문집등 기타 선조님들의 사상이 담겨있는 것들을 수집하는 곳입니다.

⑨ 장난감도서관 '서울특별시육아종합지원센터 녹색장난감도서관' (https://seoultoy.or.kr/new/main/index.php)

장난감 도서관 운동은 1963년 스웨덴 스톡홀름에서 부모와 교사로 구성된 장난감 도서관 운동소규모 모임에서 시작되었다고 합니다. 그 후 영국을 거쳐 유럽과 전 세계로 퍼져나가 지금은 약 60개국이 세계 장난감도서관(ITLA)협회에 가입되어 있는데, ITLA(International Toy Library Association)의 창립 목적은 정신, 신체, 사회, 문화적인 새로운 장난감이나 놀이의 개발과 그것들을 통한 상호교감을 논의하고 각국의 장난감 도서관 협회가 하나가 되어 다른 단체나 협회에서 벌이는 사회적 이슈, 건강, 교육, 놀이 등의 일들을 협의하고 논의하는데 그 목적을 둔다고 합니다. 우리나라 장난감도서관의 역사는 1982년 9월로 거슬러 올라가며, 장애 영·유아 가족과 교사들이 서로 놀잇감을 교환햐고 사회 정서적 지지를 나누기 위해 만난 모임에서 출발되었다고 합니다. 이후 점차 지역사회 시민운동으로 퍼져 나가, 교육용 장난감이나 도서 등을 대여하고 아동발달과 교육에 대한 각종 정보를 나누는 등 다양한 서비스를 하기에 이르렀다고 합니다.

⑩ 병영도서관 '병영독서카페' (http://www.booknanum.org/new/main/main.php)

1999년부터 진중도서관 건립 운동을 펼쳐온 사랑의책나누기운동본부는 2003년 「도서관 및 독서진흥법 개정안」을 입법 통과시키며 대대급 병영도서관 설치 및 운영을 위한 단초를 마련했습니다. 이후 여러 기업과 단체, 그리고 개인들의 후원을 바탕으로 2015년 10월까지 전국 80곳에 병영 도서관을 개관했습니다. 더불어 문화 시설이 전무한 채 고립되어 있는 최전방 GOP와 해안소초 등 격오지 부대에 컨테이너형 독서 카페와 도서를 기증하여 소중한 젊음을 헌신하는 청춘들의 사회적 고립감 해소와 복무 만족도를 높이고자 하였습니다. 병영 독서 카페는 2018년 6월까지 총 101개를 개관시켰습니다.

⑪ 유비쿼터스 도서관 '스마트 도서관' (http://smartlib.co.kr)

스마트 도서관은 이용자(고객)가 도서관에 직접 가지 않아도 365일 내내 언제 어디서든 베스트셀러 및 신간도서를 대출·반납할 수 있는 시스템으로, 유비쿼터스 도서관(Ubiquitous Library)을 실현한 무인 자동화 도서 서비스입니다. 이 도서관은 2020년 2월 현재 대학교 6곳, 지하철 역사 및 버스 터미널 34곳, 관공서 17곳, 공공시설 및 기타 장소에 4곳, 총 61곳에 설치되어 있다고 합니다.

이상과 같이 서로 다른 주제별·대상별 도서관 11곳을 소개해 봤습니다. 정말 다양하지요? 여러분은 어느 곳이 가장 기억에 남았고, 어느 곳을 가장 먼저 가보고 싶은가요? 또한 앞으로 어떤 주제별 대상별 도서관이 추가되면 좋겠다는 생각을 했나요? 무엇을 상상했든 분명 그 이상의 결과가 나타날 것이라 예상됩니다. 왜냐하면 우리나라에도 다양한 사람들이 살고 있기 때문입니다. 또한 다양한 개성을 표현하는 사람들이 늘어났기 때문입니다. 따라서 그들의 요구를 반영한 도서관들도 점차 출현할 것이라는 기대입니다. 부디 여러분들께서 요구해 주십시오.

두 번째 상상

브랜드 정체성 : 도서관 각인시키기

Library

브랜드 정체성

　우리나라에는 여러 관종의 도서관이 약 2만 개 정도 있다고 했습니다. 그런데 이곳들은 사람들의 모습이 모두 다른 것처럼 저마다 다른 형태입니다. 같은 시(市) 안에 있으며 운영 주체가 동일한 곳들 중 동시에 설계가 된 곳이 있다는 이야기를 들어본 적은 있지만, 도서관 건물 형태가 100% 일치하는 곳은 거의 없습니다. 아마 건물을 지을 수 있는 부지의 크기나 예산의 범위, 무거운 자료들의 하중을 견딜 수 있어야 하는 설계, 주변 환경과의 조화, 건물 자체의 아름다움 등 다양한 요소가 고려된 결과이겠습니다만, 어쨌든 도서관 건물만이 가질 수 있는 개성은 없습니다.

　더불어 도서관은 이곳이 도서관임을 알려주는 나름의 로고(Logo : 둘 이상의 문자를 짜 맞추어 특별하게 디자인하거나 레터링을 한 것)나 사인(Sign : 자기만의 독특한 방법으로 자신의 이름을 적음. 또는 그렇게 적은 문자)을 갖고 있기는 하지만, 그것이 통일되어 있지 않습니다. 게다가 도서관만의 특성이 잘 반영되어 있지 않는 것은 건물 형태와 마찬가지고, 낮이든 밤이든, 그 시에 살고 있는 시민이든 방문자든, 저곳이 도서관이라는 것을 쉽게 알아볼 수 있는 가시성(可視性, Visibility) 또한 낮습니다. 따라서 두 번째 상상은 시민들에게 도서관을 각인시키기 위한 브랜드 정체성을 높이는 것이 필요하다는 전제 하에, 그 방안을 중심으로 펼쳐보겠습니다.

그럼 먼저 '브랜드 정체성(Brand Identity)'의 개념을 정리해 보겠습니다.

아이덴티티(Identity)의 어원은 '동일한 것'에서 유래 되는데, 브랜드에 정체성을 부여함으로써 시간이 흐르더라도 바뀔 수 없는 동일성을 가진 특정한 가치를 전달하는 것을 말합니다. 이를 바탕으로 브랜드 네임, 로고, 캐릭터, 슬로건, 징글(상업적으로 사용되는 짧은 길이의 곡), 패키지, 컬러 등과 같은 구체적인 시각적인 요소들과 제품, 본질적인 서비스, 브랜드의 생각과 철학이 투영된 추상적 아이덴티티 요소까지 포함하여 유형적, 무형적인 요소들이 모두 결합된 집합저 개념인 것입니다.[8]

따라서 브랜드 아이덴티티는 소비자와 대중에게 브랜드를 상징적이고 연상적인 방법으로 긍정적인 이미지를 심어주고 긍정적인 반응과 높은 가치를 지속적으로 이끌어 낼 수 있도록 꼭 필요한 부분인 것입니다. 학자들의 연구 이론과 현대사회의 소비자들의 구매, 가치에 따른 변화들을 참고하여 다양한 아이덴티티 요소들을 통해 보다 특별하고 명확한 브랜드 아이덴티티 확립이 필요하며, 현대사회에는 보이지 않는 소비자들의 잠재의식 욕구 또한 인지하여 아이덴티티 확립의 중요한 부분으로 확립해야 합니다.[9]

---

8) 김성제. 2009. 『현대 브랜드 경영 전략』. 서울: 교보문고. p. 26
9) 박민정. 2015. 『장소성으로서의 도서관 아이덴티티 디자인에 관한 연구 : 정독도서관 중심으로』. 이화여자대학교 디자인대학원 광고·브랜드 디자인 전공 석사학위논문. p. 6

또한 국가, 도시, 지방자치단체, 공공기관 등 정부 기구나 기업, 상품 등으로 그들이 속해 있는 장소를 마케팅 하여 이익을 창출하는 것이 목적인 장소 브랜딩(Place Branding)[10]과, 특정 장소의 방문객 수요와 특성을 연구하여 방문하는 소비자들에게 장소를 매력적인 곳으로 어필함으로써 지역을 활성화시키는 장소 마케팅(Place Marketing)[11]의 중요성을 알고, 도서관이라는 장소도 여러 시민들에게 가보고 싶은 공간, 머무르고 싶은 공간, 그래서 꼭 필요한 공간이라는 의미 창출이 필요합니다. 일명 인싸(Insider : 각종 행사나 모임에 적극적으로 참여하면서 사람들과 잘 어울려 지내는 사람을 이르는 말. '인사이더'를 세게 발음하면서 다소 변형한 형태로 표기한 것이다)가 되려면 반드시 들러야 하는 핫 플레이스(Hot Place : 뜨거운 곳이라는 의미로, 사람들이 많이 모이는 인기 있는 곳)가 되어야 하는 것입니다.

그렇다면 많은 인싸들 중에서도 더 많은 사람들의 관심을 받는 핵인싸(아주 커다랗다는 뜻의 '핵'과 잘 어울려 지내는 사람을 의미하는 '인사이더(insider)'의 합성어로, 무리와 섞이지 못하고 밖으로 겉도는 아웃사이더와는 다르게 무리 속에서 아주 잘 지내는 사람을 의미하는 말이다)들의 핫 플레이스는 어느 곳일까요? 예상하셨겠지만 주로 식당이나 카페가 많습니다. 그럴 수밖에 없는 이유 중 한 가지는 몇 년 전부터 유행한 먹방(음식을 먹는 방송을 지칭하는 말)이 한 몫을 했을 것입니다. 음식은 사람이 살아가기 위한 필수품이기 때문에 매일 먹을 수밖에 없습니다. 그런데 이왕이면 맛있으면서도 몸에 좋은 것을, 또한 새로운 것을 먹고 싶겠지요. 마침 주말이나 휴일도 많은 편이고, 전국 어디든 마음만 먹으면 쉽게 이동할 수 있는 방법과 열정도 높은데,

---

10) 박민정. 2015. 앞의 논문. p. 6

11) 김동찬·최우영. 2013. 장소 마케팅을 위한 특화가로의 장소성 형성에 대한 연구. 『한국디자인문화학회지』, 19(4): 51-52.

매일 방송에서는 새로운 장소와 음식을 소개해 주니 실천만 하면 되는 상황입니다. SBS-TV '백종원의 골목식당'이라는 프로그램을 통해 전국적으로 돈가스 신드롬을 일으킨 식당 중에는 최소 영업 시작 12시간 전부터는 줄을 서 있어야 입장할 수 있는 곳도 있습니다. 그만큼 입장도, 그 식당의 돈가스를 먹어 보는 것도 힘든 일이니, 핵인싸들이 가장 주목하고 있는 식당이 될 수밖에 없습니다.

이어서 카페의 경우는 식사를 한 뒤에 후식으로 음료를 한 잔 마시거나, 만남을 위한 장소로 자주 들르는 곳입니다. 식당과 마찬가지로 빵이나 케이크, 쿠키 등을 판매하는 곳들이 있어 그 맛과 함께 차의 질 때문에 찾는 사람들도 있지만, 핵인싸들에게는 디저트(Dessert)나 차의 맛보다는 사진을 찍었을 때 **예쁜 배**경이 되어주는 인테리어가 좌우하는 분위기가 중요하다는 차이점도 있습니다. 때문에 다양한 콘셉트의 카페들이 많고, 젊은 여성들이나 연인들이 주로 선호하는 곳이기도 합니다.

이런 맥락에서 봤을 때 결국 '도서관'이라는 장소는 핵인싸는 물론 인싸들의 관심을 끌기가 어렵습니다. 물론 2019년 11월에 개관한 '의정부미술 도서관'처럼 인테리어가 잘 되어 있고 색감도 예뻐서 사진을 찍어 올리고자 하는 분들의 관심을 받기에 충분한 곳들도 있지만, 기본적으로 정숙한 분위기 속에서 자료를 열람하는 곳이다 보니 자유롭게 다니며 사진을 찍기에도 한계가 있습니다. 따라서 어쩌면 핵인싸 및 인싸들은 이런 점들 때문에 도서관에 대한 관심을 갖지 않을 수 있겠습니다.

도서관은 많은 사람들의 방문으로 인해 높은 수익을 창출하는 곳이 아닙니다. 또한 핵인싸나 인싸들에게 주목을 받아야 하는 장소도 아닙니다.

그럼에도 그들에 대한 이야기를 한 것은 그 정도의 관심을 불러일으킬 수 있는 무엇인가가 있어야 한다는 것입니다. 2019년 8월 23일 EBS-TV 자이언트 펭TV에서는 '펭수, 도서관 가다!'라는 제목 아래 펭수와 매니저가 파주시에 있는 가람도서관에 방문하는 내용을 방송했습니다. 이 방송이 파주시민들은 물론 전 국민들에게 도서관에 대한 인식을 얼마나 더 심어주었는지는 모르겠습니다만, 최고의 인기를 얻고 있던 캐릭터 펭수가 공공도서관에 방문했다는 사실만으로도 화제성은 매우 높지 않았을까 생각해 봅니다.

요컨대 도서관에 대한 장소 브랜딩과 마케팅이 동시에 잘 이루어질 필요가 있습니다. 어차피 도서관 역시 서비스를 하는 곳이고, 그 대상은 사람들입니다. 따라서 핫 플레이스까지는 못 되더라도 한 번 쯤은 가보고 싶은 공간, 갔더니 머무르고 싶은 공간, 머물러 봤더니 꼭 필요하다는 생각이 드는 공간, 그래서 다음에 또 가고 싶은 공간이 될 수는 있을 것입니다. 다음은 장소 브랜딩 및 마케팅에 대해 상상해 본 방안들입니다.

 ## 1 프랜차이즈 도서관

보통 프랜차이즈(Franchise)라고 하면 프랜차이즈 본사(프랜차이저)가 가맹점(프랜차이지)에게 자기의 상표, 상호, 서비스표, 휘장 등을 사용하여 자기와 동일한 이미지로 상품 판매, 용역 제공 등 일정한 영업 활동을 하도록 하고, 그에 따른 각종 영업의 지원 및 통제를 하며, 본사가 가맹사업자로부터 부여받은 권리 및 영업상 지원의 대가로 일정한 경제적 이익을 지급받는 계속적인 거래 관계를 말합니다. 또한 프랜차이즈 체인 사업(가맹 사업)이란 일반적으로 체인점을 일컫습니다. 우리나라에도 프랜차이즈에 의한 여러 체인점이 있습니다만, 역시 대표적으로 떠오르는 것은 식당이나 카페 브랜드들입니다.

그런데 프랜차이즈는 정부가 공공 서비스를 제공할 때 일정한 구역 내에서 공공 서비스를 제공하는 권리를 민간 조직에 인정하는 방식의 민간 위탁 유형을 말한다는 의미도 있습니다. 이때 시민 또는 이용자는 서비스 제공자에게 비용을 지불하며 서비스 수준과 질은 정부가 규제를 합니다. 또한 프랜차이즈는 일종의 독점적인 영업권을 민간 조직에 부여하고 독점에서 비롯될 수 있는 문제를 방지하기 위해 정부가 일정한 규제를 행사하는 형태로, 소비자들이 서비스에 대해 직접 민간 기업에 그 대가를 지불해야 한다는 점과 정부기 해당 업무에 대한 관할권이 없다는 점에서 민간 위탁과 차이를 보입니다. 대표적인 예로는 폐기물 수거·처리, 공공시설 관리, 자동차 견인 및 보관 등의 분야가 있습니다.

이상의 내용들로 봤을 때 도서관은 공공시설에 포함이 되기 때문에 두 번째 정의에 더 가깝겠습니다. 다만 이용자(고객)들이 도서관에서 받는 서비스에 대한 비용을 지불하지 않지만, 그 수준과 질은 정부 및 지방자치단체에서 관리를 하고 있는 프랜차이즈라고 볼 수 있겠습니다. 즉, 각각의 도서관을 관리하는 운영 주체는 본사(프랜차이저)가 되고, 그 아래에 속해 있는 도서관들은 가맹점(프랜차이지)이 되는 셈입니다.

그렇다면 프랜차이즈 체인점 가운데 하나로써 이미 전국에 2만여 개나 되는 도서관도 핫 플레이스가 되기 위해서는 어떤 관리가 필요할까요?

1) 상호(商號, Trade Name)

상호는 상인이나 회사가 영업활동상 자기를 표시하는데 쓰는 명칭으로, 각 도서관들은 '도서관'이라는 공통된 명칭 자체가 상호라고 할 수 있습니다. 동시에 '도서관은' 서비스표(Service Mark, 자기의 서비스업을 타인의 서비스업과 식별하기 위해 사용하는 포장. 상표가 상품의 식별 표지인데, 서비스표는 서비스업의 식별 표지)이기도 합니다. 따라서 대부분의 사람들이 도서관이 어떤 곳인지는 대략 알고 있기 때문에 상호 자체로서의 인식도는 높다고 할 수 있지만, 그곳이 어디에 있는지, 구체적으로 어떤 서비스들을 받을 수 있는지에 대한 인식도는 떨어진다고 할 수 있습니다. 따라서 서비스표가 더욱 확실해질 필요가 있겠습니다. 그래야 언제 어디서든 한 눈에 알아보고 필요할 때마다 찾아올 수 있을 테니까요.

2) 상표(商標, Trademark)

상표는 어떤 기업이 자사의 상품을 고유하게 표시하고 다른 회사의 상품과 구별하기 위해 사용하는 시각적 기호 또는 도안을 말합니다. 삼성전자, 나이키, 샤넬, 맥도날드, 스타벅스 등 저작권법 때문에 이곳에 관련 그림을 담지는 못하지만, 이름만 들어도 상표 이미지가 자연스럽게 떠오르는 전 세계적으로 유명한 브랜드들이 있을 겁니다. 나아가 그 상표가 만들어지게 된 과정이나 변화 과정, 의미 하는 바 등의 이야기까지 알고 계신 분들도 많을 것입니다.

이처럼 이미 사람들에게 각인이 되어 있는 상표들은 상대적으로 잘 보일 수밖에 없습니다. 아는 만큼 보인다고 하지만 아는 것이 먼저 보이는 셈입니다. 또한 안다는 것은 직·간접적인 경험이 있다는 뜻이고, 그 경험은 선택 시 확실하면서도 빠르게 결과에 도달할 수 있는 힘을 갖고 있다는 뜻이기도 합니다. 따라서 글로벌(Global) 상표라고 불리는 곳의 제품들은 지속적으로 많은 사람들에게 소비가 됩니다.

2 도서관 정체성 확립

1) 색(色, Color)

색은 눈에 들어온 빛의 물리 자극에 의하여 대뇌 피질의 시각 중추에 생기는 감각으로, 빛깔이라고도 합니다. 사람들이 자연이나 물체의 색을 느끼며 구분할 수 있는 이유는 시신경을 이루고 있는 세포 중에 색을 구별할 수 있는 세포가 있기 때문이지요. 색을 구별하는 세포는 물체의 표면에서 온 빛의 파장에 따라서 그 물체의 색을 느끼게 된다고 하네요. 이와 같은 색은 일반적으로 무채색과 유채색으로 크게 나뉘며, 무채색에는 흰색, 회색, 검정색이, 그리고 유채색에는 빨강, 노랑, 녹색, 파랑 등 무채색을 제외한 모든 색이 포함됩니다.

저는 도서관의 정체성 확립을 위해 1차적으로 필요한 것은 적정 색을 골라 건물에 활용하는 것이라고 생각합니다. 왜냐하면 색은 어떤 것을 고르느냐에 따라 진출하거나 후퇴하고, **팽창하거나** 수축해 보이는 효과가 발생하기 때문입니다. 즉, 사람들이 두 종류의 색을 같은 거리에서 볼 때

어느 한쪽이 다른 쪽보다 가까운(배경색보다 앞으로 진출하는) 것처럼 느껴지는 색을 진출색(Advancing color), 뒤로 후퇴한 것처럼 느껴지는 색을 후퇴색(Receding color)이라고 합니다. 이런 현상이 발생하는 이유는 색이 갖고 있는 명도와 차지하고 있는 면적의 차이에 의해서 나타나는데, 일반적으로 노랑이나 주황처럼 따뜻한 색깔이 차가운 색깔보다 진출성이 높고, 배경 색의 채도가 낮은 것에 대하여 높은 색은 진출하며, 배경색과의 명도차가 큰 밝은 색은 진출하게 됩니다. 이어서 색의 면적이 실제 면적보다 크게 느껴지는 것을 팽창색(Expensive color)이라고 하는데, 명도가 높은 색이 팽창성 또한 높습니다. 반대로 수축색(Contractive color)은 색의 면적이 실제 면적보다 좁게 느껴지는 것 같은 현상을 불러오는 색을 말하며, 명도가 낮은 색일수록 수축성이 크게 느껴집니다.

이런 측면을 도서관 건물의 색에 대입해 보면, 우리나라 도서관 건물들은 명도가 높지 않은 무채색이면서 후퇴색이자 수축색인 경우가 많습니다. 〈그림 22〉부터 〈그림 24〉까지의 도서관들은 모두 회색 건물입니다. 다음의 그림들을 보시죠.

〈그림 22〉 국립중앙도서관

〈그림 23〉 청주시립도서관

〈그림 24〉 노원정보도서관

물론 도서관들 중에는 '국립어린이청소년'처럼 건물 외벽이 노란색으로 유채색이면서 명도 또한 높은 곳들도 있습니다. 특히 어린이도서관이 많이 건립되면서 건물 디자인과 인테리어적인 면에서 명도와 채도가 높아졌다고 할 수 있습니다.

〈그림 25〉 국립어린이청소년도서관

　더불어 〈그림 26〉과 〈그림 27〉에 소개한 도서관들처럼 전반적으로 명도가 높지 않은 무채색이면서 후퇴색이자 수축색이 쓰였지만, 독특한 건물의 형태로 눈길을 사로잡는 곳들도 있습니다. 특히 〈그림 26〉의 인천광역시에 있는 '연수구립 선학별빛도서관'은 마치 우주에 떠 있던 행성 하나가 떨어져 건물에 충돌한 듯한 느낌을 줍니다. 그런데 밤이 되어 외벽에 조명이 들어오면 마치 우주에 떠 있는 행성이 연상될 정도로 황홀감을 주기도 합니다. 따라서 멀리서도 한 눈에 잘 보이는 특별한 곳입니다. 그리고 〈그림 28〉의 '서대문구립 이진아기념도서관'은 건물도 독특한 형태이자만, '독립문'과 '서대문 형무소'가 있는 '서대문 독립공원' 안에 위치하고 있다는 특징도 있습니다. 물론 그렇다고 해서 역사 주제 분야의 특화를 기하고 있는 곳은 아닙니다만, 독립공원에 탐방을 오신 분들이 자연스럽게 들러볼 수 있는 지리적 이점을 갖고 있다고 할 수 있겠습니다.

〈그림 26〉 인천 연수구립 선학별빛도서관

〈그림 27〉 서대문구립 이진아기념도서관

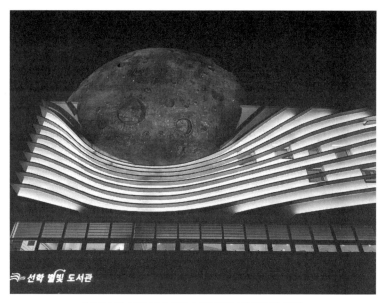
〈그림 28〉 인천 연수구립 선학별빛도서관의 밤 전경

그렇다면 도서관 건물에는 어떤 색들을 적용해야 할까요? 당연히 명도가 높고 진출색이면서 확장색인 것을 골라야 하겠습니다. 또한 대상별 도서관에 따라 한 가지 색상을 공통되게 사용하면서 시민들의 인식 재정립 작업에도 활용될 필요가 있겠습니다. 이때의 색은 도서관 건물 외벽 전체에 칠해지면서, 로고나 캐릭터, 사서 직원들의 유니폼, 슬로건 등 모든 곳에 더불어 활용될 수 있습니다. 도서관이라는 브랜드 이미지를 다양한 색을 통해 이용자(고객)들의 뇌리에 각인시키고, 찾아오고 싶은 욕구를 자극하는 컬러 마케팅(Color Marketing)을 활발하게 펼치는 거죠.

왜냐하면 사람이 갖고 있는 여러 감각 중 가장 많이 의존하는 것은 시각이기 때문입니다. 즉, 눈으로 보고 파악한 정보들을 가장 먼저 인지하고 그것에 의존한다는 것입니다. 따라서 유명한 기업들은 색을 통해 자신들의 정체성을 표현할 수 있도록 노력합니다. 특히 빛의 삼원색이라고 불리는 빨강, 파랑, 초록색을 많이 활용한다고 합니다. 잠깐 그 예들을 정리해 볼 텐데, 해당 로고를 직접 담을 수는 없으니 각자 떠올려 보시기 바랍니다.

> □ 빨강색 : LG, LOTTE, CGV 등
> □ 파랑색 : SAMSUNG, HYUNDAI 등
> □ 초록색 : NAVER, PRUGIO, INNISFREE 등

각 기업이나 브랜드의 로고가 선명하게 떠오르시지요? 그렇습니다. 어느덧 우리에게 익숙해져 있기 때문에 로고를 선명하게 보지 못하더라도 색깔만으로 알 수 있는 정도입니다. 그러므로 도서관에도 이런 색을 활용하는 것이 무엇보다 필요하겠습니다. 그래서 대상별 도서관이 모두 건립된다는 전제 하에 알맞은 색깔을 다음과 같이 제안해 봅니다.

●어린이도서관 : 노란색(Yellow)

'어린이도서관'에 알맞은 색으로 '노란색'을 제안한 이유는 다음과 같습니다. 우선 우리나라 어린이·청소년도서관의 대표 격이라고 할 수 있는 '국립어린이청소년도서관'의 건물 외벽의 색깔이 노란색입니다. 또한 어린이집이나 유치원, 학원 버스 등 어린이들이 타고 다니는 차량의 색깔이 모두 노란색입니다. 이는 노란색이 어디서든 눈에 잘 띄기 때문에 사고 위험이 낮기 때문이라고 합니다. 실제 '자동차 및 자동차 부품의 성능과 기준에 관한 규칙 제19조 제18항'에는 '어린이 차량은 황색이어야 한다.'는 규정이 있으며, 이 규정은 1997년부터 적용이 되었다고 합니다. 물론 진출색 중에서 노란색보다 더 뛰어난 색은 빨간색이라고 합니다. 그러나 일상생활 중 노란색은 다른 색깔들보다 가장 먼저 눈에 띄는 색이라고

하네요. 왜냐하면 망막 위에서 넓게 퍼지는 성격이 있기 때문이랍니다. 그러므로 가장 눈에 잘 띄는 색이자 이미 어린이들의 안전을 위한 색으로 규정되어 있는 측면을 고려해, 더불어 한 사람의 인생 전체를 사계절에 비유한다면 '봄'에 해당하기 때문에, 봄의 정령이라고 불리는 개나리를 떠올려 '어린이도서관'에는 '노란색'을 추천하는 바입니다.

●청소년도서관 : 초록색(Green) 혹은 파란색(Blue)

'청소년도서관'에는 '초록색' 혹은 '파란색'을 추천합니다. 청소년기는 에너지가 무척 많은 시기입니다. 마치 자연과 닮아 있지요. 또한 향후 어떤 일을 할 것인지, 어디에 가서 누구를 만나며 어떤 것들을 더 해보고 싶은지 등에 대한 많은 꿈을 꾸는 시기입니다. 여러 측면의 청사진(靑寫眞, Blueprint)을 세우는 시기이지요. 따라서 '청소년도서관'에는 '초록색'을 추천합니다. 마침 초록은 일반적으로 평화와 안전, 중립을 상징하며 우리 눈에 가장 편안함을 주는 색입니다. 또한 노란색과 파란색의 혼합색이면서 온도감에서는 중성색에 속하므로 심리적 스트레스와 격한 감정을 차분하게 가라앉히며 균형을 잡아주는 역할을 합니다. 청소년기의 많은 에너지는 때로 불균형한 상태를 만들 수도 있습니다. 따라서 심신의 안정과도 관련이 있는 '초록색'이 제격이라고 생각됩니다. 더불어 '파란색'도 또 하나의 후보로 추천합니다. 왜냐하면 파랑은 상쾌함, 신선함, 물, 차가움 등이나 냉정, 신비로움 등을 느끼게 하므로, 전 세계적으로 선호도가 가장 높은 색이기 때문입니다. 또한 초록과 마찬가지로 심신의 회복력과 명료성, 창조성을 증가시켜 준다고 하니, 이런 측면 또한 청소년들에게 꼭 필요한 요소라고 생각됩니다. 마지막으로 한 사람의 인생 전체를 사계절에 비유한다면 청소년기는 '여름'에 해당하기 때문에, 많은 사람들이 찾는 바다의 색을 떠올려 '청소년도서관'에는 '파란색'도 추천하는 바입니다.

●성인도서관 : 빨간색(Red)

'성인도서관'에는 '빨간색'을 추천합니다. 지금은 이 용어를 거의 사용하지 않는 것 같습니다만, 여전히 외설 서적을 속되게 이르는 말 중에 '빨간책'이라는 것이 있습니다. 그런 의미가 언제부터 정립된 것인지 모르겠지만, 어쨌든 빨강은 야한 이미지로 굳어져 어린이나 청소년들보다는 성인들의 색으로 인식됐습니다. 따라서 빨간책도 성인들만을 위한 책이라고 할 수 있습니다. 하지만 빨강은 안전을 지향하는 색채로서 정지나 금지, 위험이나 경고를, 마음의 상태인 정열과 흥분, 활기와 야망, 부정적 사고의 극복, 적극성을, 자연 요소인 태양과 불을 상징하기도 합니다. 그러므로 한 사회의 시민으로서, 한 가정의 가장으로서, 꿈을 실천하고 있는 개인으로서 평안과 행복을 위해 열정적으로 살아가는 성인들을 위한 '성인도서관'에 '빨간색'이 제격이라고 생각합니다. 성인기 역시 사계절에 비유한다면 '가을'이라는 계절에 해당하기 때문에, 울긋불긋 물든 단풍의 색과도 통하는 부분이 있습니다.

●노인도서관 : 회색(Gray)

'노인도서관'에는 '회색'을 추천합니다. 회색은 콘크리트 건물 대부분이 갖고 있는 색이기 때문에 익숙함에서 오는 안정적인 느낌을 줍니다. 또한 조용함과 없음(無) 등을 연상시키는 색으로, 은색이나 은회색과 같은 밝은 회색은 지성, 고급스러움, 효율성 등을, 어두운 회색은 성숙, 진지함, 퇴색 등의 의미도 지닌다고 합니다. 그러므로 삶의 지혜가 가득하면서 어느덧 생의 마지막 단계에 와 있는 노인들을 위한 '노인도서관'에는 '회색'이 가장 잘 어울린다고 생각합니다. 물론 '고령'이라는 부정적 이미지를 없애기 위해 회색 머리카락을 갖고 있는 노인을 은유적으로 '실버'에 비유하고 있습니다만, 활용성에서는 회색이 더 낫다고 생각됩니다. 사계절에 비유한다면 많은 것들이 쉬면서 다시 '봄'을 준비하는 '겨울'에 다다른 노년기를 위한 '회색'에는 이미 하늘에서 내린 눈의 색이 포함되어 있기도 합니다.

2) 로고(Logo)

로고란 상품이나 기업 및 기관 등의 조직에 적용되는 시각 디자인을 말합니다. 기업이나 기관들이 로고를 만들어 사용하는 목적은 자신들의 이미지를 쉽게 전달하고, 대중들에게 호감을 주어 더욱 오랫동안 기억에 남게 하여, 결국 필요 시 해당 기관을 방문하거나 기업의 제품을 소비할 수 있도록 유도하는데 있습니다. 따라서 기업이나 기관들은 자신들이 갖고 있는 목적에 맞는 로고를 만들기 위해 노력하고, 그렇게 만들어진 로고를 다각도로 활용합니다. 또한 필요에 따라 변경을 하기도 합니다. 다음의 〈그림 29〉와 〈그림 30〉[12), 〈그림 31〉[13)은 국립중앙도서관이 사용하던 기존 로고들과 현재의 로고입니다.

〈그림 29〉 국립중앙도서관 로고 1   〈그림 30〉 국립중앙도서관 로고 2   〈그림 31〉 국립중앙도서관 로고 3

---

12) 국립중앙도서관 블로그 (https://blog.naver.com/dibrary1004/30080822423)

13) 국립중앙도서관 (http://www.nl.go.kr/nl/intro/libinfo/logo.jsp)

〈그림 29〉에 제시한 로고는 1999년 10월 15일, 국립중앙도서관 개관 45주년 기념일에 맞추어 제정 및 공포가 되었던 것입니다. 태극기의 표준 색도인 빨간색과 파란색을 활용해, 전통 미디어를 대표하는 책과 뉴미디어를 대변하는 CD-ROM의 이미지를 결합한 것이라고 합니다.

이어서 〈그림 30〉에 제시한 로고는 국립중앙도서관 본관과 신축한 디지털도서관의 이미지를 형상화해 만든 것으로, 아날로그와 디지털이 조화된 새 국가 대표 도서관으로서의 이미지를 부각시키고, 국가 지식 정보의 본산이자 친환경 및 녹색 성장 등의 국정 철학도 반영된 것이라고 합니다.

마지막으로 〈그림 31〉에 제시한 로고는 현재 사용이 되고 있는 것으로, 2016년 3월 기준 정부를 상징하던 로고가 무궁화 문양에서 태극 문양으로 67년 만에 변경되면서, 960여개 정부 기관들이 일괄적으로 사용 중이라고 합니다. 따라서 국립세종도서관, 국립어린이청소년도서관도 같은 로고를 사용하고 있습니다.

다음의 〈그림 32〉는 작은도서관 로고입니다. 이 로고는 문화체육관광부가 추진 중인 생활 밀착형 작은도서관 사업에 따라 국립중앙도서관에서 개발해 2007년 8월 28일부터 사용된 것으로, 전통 한옥 이미지를 통해 사랑방과 같은 친근감을 살리고 도서관의 초성인 'ㄷ', 'ㅅ', 'ㄱ'을 파란색, 초록색, 빨간색의 사람처럼 형상화 해 서로 정겹게 대화를 나누는 모습을 표현한 것이라고 합니다.

〈그림 32〉 작은도서관 로고

　이상과 같이 도서관 로고를 몇 개 살펴봤는데, 현재 국립중앙도서관 등이 사용하고 있는 것은 도서관만의 특성이 반영되어 있지는 않습니다. 이는 같은 로고를 사용하고 있는 모든 정부 기관들이 마찬가지인 상황입니다. 따라서 기관별 특성을 가미한 로고 개발 및 사용이 바람직하다는 의견도 있습니다. 저 또한 이 주장에 동의하는데, 다만 작은도서관 로고가 전국에 공통적으로 사용되고 있는 것처럼 도서관 로고도 통일성을 기했으면 하는 바람입니다. 만약 앞서 제안한 바와 같이 대상별 도서관이 건립 및 경영될 수 있다면 '국립도서관', '어린이도서관', '청소년도서관', '성인도서관', '노인도서관', '작은도서관' 별로 공통된 로고를 개발 및 사용하면 어떨까요? 전국 모든 도시에 있는 경찰청이나 경찰서, 파출소, 그리고 소방서나 우체국 등은 공통된 로고를 사용하고 있습니다. 그러면서 이름만 해당 지역을 반영하는 정도입니다. 따라서 시민들은 전국 어느 도시를 가든, 경찰서나 소방서, 우체국 등을 쉽게 인식할 수 있습니다. 그러므로 도서관도 같은 전략을 써서 시민들의 인식 능력을 높이는 것이 우선이라 생각됩니다.

　다음의 〈그림 33〉과 〈그림 34〉, 〈그림 35〉는 소방청과 경찰서, 우정사업본부의 로고입니다.

〈그림 33〉 소방청 로고

〈그림 34〉 경찰청 로고

〈그림 35〉 우정사업본부 로고

다음의 〈그림 36〉은 2016년 3월에 경기도 고양시에서 진행되었던 '나만의 도서관 로고 만들기 이벤트'에 관한 홍보 포스터입니다.

〈그림 36〉 나만의 도서관 로고 만들기 안내 포스터[14]

---

14) 고양시 도서관센터 페이스북 (http://www.facebook.com/goyanglib.or.kr)

이 이벤트를 통해 얼마나 많은 사람들이 응모를 했고 해당 시(市)의 도서관 센터에서는 어떤 과정을 거쳐 선정에 이르렀는지 알 수 없지만, 분명 여러 시민들에게 도서관을 알리는 역할을 했을 거라고 생각됩니다. 최종 선정 작이 궁금한 분들은 '고양시 도서관센터' 홈페이지에 들어가 보시기 바랍니다.

3) 캐릭터(Character)

캐릭터는 보통 영화나 드라마, 애니메이션 등에 등장하는 인물을 통칭합니다. 미디어의 발달로 워낙 많은 작품들이 만들어져 소개가 되고 있다 보니 무수히 많은 캐릭터들이 등장을 하고 있고, 그 중에는 큰 사랑을 받은 것들도 있습니다. 게다가 카카오 톡(Kakao Talk)이나 라인(Line)과 같은 SNS(Social Network Service)도 사람들 사이에 널리 사용되면서 글 대신 감정 등을 표현할 수 있는 이모티콘 캐릭터들도 다양하게 나와 있는 상황입니다. 더불어 캐릭터가 기업이나 단체, 행사, 제품의 성격에 맞는 시각적 상징물을 뜻하기도 하기 때문에, 그렇게 영역을 넓히면 더욱 다양하기만 합니다. 아마 이런 측면들 때문에 '뽀로로'나 '카카오 프렌즈', '라인 프렌즈', '펭수'와 같은 캐릭터가 등장할 수 있었을 테고, 국내를 넘어 해외에서까지 큰 사랑을 받았을 것입니다.

이런 맥락에서 보자면 도서관을 떠올렸을 때 딱히 떠오르는 캐릭터는 없습니다. 물론 그렇다고 도서관에 캐릭터가 없는 것도 아니고, 캐릭터를 만들어 여러 측면에서 활용하고자 했던 시도가 없었던 것 또한 아닙니다. 기록을 찾아보면 아주 오래 전에 공모전도 개최가 되었었으니까요.

도서관에서의 상징 마크 및 캐릭터 공모전은 MBC-TV 프로그램 '느낌표'에서 '책! 책! 책! 책을 읽읍시다!' 캠페인과 함께 '기적의도서관' 설립 운동을 진행하고 있을 때인 2003년 5월에도 있었습니다. 이 공모전은 '느낌표'와 '책읽는사회만들기국민운동', '에프에이디파트너스(주)'가 공동으로 주최를 했었습니다.

이어서 최근의 기록을 살펴보면 2019년 6월에 '차의과학대학교 행복도서관'[15]에서 학생들을 대상으로 도서관 캐릭터 공모전을 실시했다는 내용을 찾을 수 있습니다. 공모 후 행복도서관에서는 최우수 수상작으로 수리부엉이 '수리(男)'와 '수다(女)'를 선정했다고 하는데, 수리부엉이는 포천에 서식하는 야행성 동물이라는 점에서 도서관의 지리적 위치와 맞고, 학생들이 늦은 밤까지 공부를 하는 측면이 야행성인 부엉이와도 유사하다는 점이 이유라고 합니다. 이렇게 선정된 수리부엉이 캐릭터는 디지털 기기와 책에 관심이 많으며 잡다한 지식도 놓치지 않고 기억하는 호기심 많은 성격으로, 무엇이든 곧바로 찾기 위해 디지털 기기를 소지하고 있는 모습으로 형상화 했다고 합니다. 또한 여자 캐릭터 '수다'는 '수리'의 여자 친구로, 도서관에서 일어나는 모든 행사에 참여하여 학생들에게 다양한 소식을 전해주는 캐릭터라고 합니다. 이 두 캐릭터들은 도서관 홈페이지를 비롯하여 안내 영상, 홍보 인쇄물, 기념품 등으로 만들어 온 오프라인에 걸쳐 적극적으로 활용된다고 합니다. 다음의 〈그림 37〉은 '차의과학대학교 행복도서관'의 캐릭터인 '수리'와 '수다'입니다.

---

15) 차의과학대학교 약학과 홈페이지 공지사항(https://pharmacy.cha.ac.kr/%ed%95%99%ea%b3%bc%ec%86%8c%ec%8b%9d/%ea%b3%b5%ec%a7%80%ec%82%ac%ed%95%ad/?uid=20060&mod=document)

<그림 37> 차의과학대학교 행복도서관 캐릭터

또한 2020년 1월 29일, '증평군립도서관' 홈페이지 공지사항[16]에서도 캐릭터가 활용된 사례를 찾을 수 있습니다. 내용인즉슨 도서관 행사로 '김득신 도서관 마라톤 대회'를 개최한다는 것인데, 그 내용을 조금 더 구체적으로 살펴보면 '마라톤처럼 독서 코스를 완주하는 책읽기 경주'를 하자는 제안입니다. 만약 책 1쪽을 읽으면 1m로 환산이 되며, 그 길이에 따라 선물을 주는 방식입니다. 예를 들어 토끼 구간인 10,000-14,999 포인트를 완수하면 퍼즐 또는 팝업 북을, 치타 구간인 42,194 포인트에 도착하면 보냉백을, 그리고 마지막 42,195 포인트 이상을 완주하면 증평 출신이자 조선시대 최고의 독서왕으로 손꼽히는 '김득신 코스 완주자'라는 명예와 함께 쿠션을 선물로 준다는 것입니다. 여기서 '김득신'은 충청북도 증평군을 대표하는 인물로 군(郡) 캐릭터로 활용되고 있기 때문에, 증평군립도서관에서도 해당 캐릭터를 더불어 활용하는 상황이라고 짐작이 됩니다. 다음의 <그림 38>은 '증평군립도서관'에서 가져 온 대회 홍보 포스터입니다.

---

16) 증평군립도서관 공지사항 (http://lib.jp.go.kr/index.php?g_page=community&m_page=community01&libCho=ALL&bb_code=809&view=read)

〈그림 38〉 증평군립도서관 김득신 독서 마라톤 대회 포스터

　이상과 같이 도서관과 관련된 캐릭터들을 찾아보면서, 타 기관들과 마찬가지로 대표성을 띠면서 전 국민들에게 친근하게 다가갈 수 있는 캐릭터를 개발할 필요성이 있다는 것을 느꼈습니다. 만약 대표 캐릭터를 만든다면 대상별 도서관의 건물 색을 달리한 것처럼, 캐릭터의 색깔도 그 색을 따라가면서 구분을 지을 수 있겠습니다. 더불어 이름도 조금씩 다르게 지어 줄 수도 있겠습니다. 다음의 〈그림 39〉, 〈그림 40〉, 〈그림 41〉은 소방청의 캐릭터 '영이'와 '웅이', 경찰청의 캐릭터 '포돌이'와 '포순이', 우정사업본부의 캐릭터 '제제'입니다.

〈그림 39〉 소방청 캐릭터 영이(女), 웅이(男)

〈그림 40〉 경찰청 캐릭터 포돌이(男), 포순이(女)

〈그림 41〉 우정사업본부 캐릭터 제제

전부 귀여우면서도 기관의 특징을 잘 담고 있다고 생각되시지요? 복장이 바뀐다든가 등의 상황이 생기면 조금씩 개선되기도 합니다만, 이미 시민들의 인식에 자리 잡혀 있기 때문에 그 수정의 폭은 크지 않습니다. 또한 이런 캐릭터들은 해당 기관의 마스코트 역할을 해내기도 합니다. 마스코트(Mascot)는 어떤 단체나 특정한 행사를 대표하거나 상징하는 동식물이나 물건을 뜻하는데, 재앙을 막고 복을 가져온다는 믿음도 담겨 있다고합니다. 따라서 고대인들도 사용했다고 하니, 도서관에서도 적정한 캐릭터를 개발하여 마스코트의 역할까지 겸할 수 있으면 좋겠습니다.

4) 유니폼(Uniform)

과연 우리나라 유니폼의 역사는 언제부터 시작되었을까요? 정확한 기록을 찾을 수 없어 추측을 해보자면, 단군왕검이 건립했다는 우리나라 최초의 국가 고조선 때부터였을 것 같습니다. 왜냐하면 단군왕검이 첫 임금이었기 때문에 그곳에도 궁궐이 있었을 것이고, 그렇다면 신하들의 신분에 따라 통일된 옷을 입었을 것이기 때문입니다. 고려시대나 조선시대에 궁중에서 일을 하던 환관이나 상궁들이 같은 디자인의 옷을 입은 것처럼 말입니다.

유니폼은 직장이나 행사장 등의 장소에서 입는 제복을 말하며, 커리어 웨어(Career Wear)라고 칭하기도 합니다. 일상생활 중 유니폼 입은 모습을 흔히 볼 수 있는 곳은 은행이나 병원, 마트, 그리고 공항 등입니다.

그렇다면 도서관은 어떨까요? 우리나라의 도서관 역사에서 국립 및 전국의 공공도서관 전체 직원들이 유니폼을 입고 근무했다는 기록은 찾아

볼 수 없습니다. 현재는 거의 사복을 입은 채 도서관 직원이자 공무원임을 알리는 카드 목걸이를 하고 있는 경우가 많습니다. 간혹 앞치마나 조끼를 입은 곳도 있습니다만, 이 또한 많지는 않습니다.

따라서 저는 도서관 직원들이 유니폼을 입었으면 좋겠습니다. 학창시절에 교복을 입는 것도 싫어했는데 성인이 된 지금 지정된 옷을 입고 근무를 한다는 것 또한 싫다는 분들도 계시겠습니다만, 다음과 같은 이유 때문에 필요하다고 생각합니다.

첫째, 이용자(고객)들이 도서관 사서 직원을 쉽게 구분할 수 없기 때문입니다. 특히 겨울에 외투를 입고 근무를 하기에 카드 목걸이가 가려지거나, 여름에 덥다는 이유 등으로 그것마저 하고 있지 않으면 일반 이용자와 구분하기가 어렵습니다. 따라서 이용자(고객)들이 항상 사서 직원들을 쉽게 알아볼 수 있는 장치가 필요한데, 가장 확실한 방법은 유니폼을 입는 것입니다.

둘째, 유니폼이 갖고 있는 통일성과 통제성 때문입니다. 사람들은 소속의 욕구와 함께 인정받고 싶은 욕구를 갖고 있다고 합니다. 유니폼은 내가 사서 직원으로서 이 도서관에 속해 있는 사람이라는 의식을 하게 만듭니다. 또한 이용자(고객)들의 시선을 의식할 수밖에 없기도 합니다. 따라서 보다 성실히 일할 수 있는 기반도 됩니다.

이런 이유들로 특히 국립 및 공공도서관에 근무하고 있는 사서들은 유니폼을 입고 그 위에 이름이 크게 새겨진 명찰도 달았으면 좋겠는데, 만약 예산 등의 이유로 도입이 어렵다면 깔끔하고 상큼하면서도 쓸모도 많은 앞치마나 조끼로 대체를 해도 되겠습니다.

일례로 핀란드시립도서관의 모든 사서들은 노란색과 보라색 바탕에 큰 따옴표가 새겨진 조끼를 입고 있다고 합니다. 그 이유는 도서관 이용자 (고객)들이 도움이 필요할 때 근무자임을 쉽게 알아볼 수 있도록 하는 것, 더불어 사서들이 먼저 다가가 서비스를 실천하기 위한 행동 수칙이기 때문이랍니다.

5) 슬로건(Slogan) 혹은 표어(標語, Motto)

슬로건은 많은 사람들의 행동을 내가 원하는 방향으로 이끌기 위한 활동에 쓰이는 짧은 문구를 뜻합니다. 이 말은 스코틀랜드에서 위급할 때 빨리 이곳으로 집합하라는 신호로 외치는 소리인 'Sluagh-ghairm'를 슬로건이라고 한 데서 온 것이라고 하는데, 종종 '표어'라는 단어와 비슷하게 사용됩니다.

'한국도서관협회'에서는 해마다 도서관주간을 맞이하기 전 표어 공모전을 실시합니다. 일례로 2019년 제55회 도서관 주간(4. 12-18) 때에는 '도서관, 어제를 담고 오늘을 보고 내일을 짓다.'가 공식 표어로 선정된 바가 있습니다.[17] 다음의 〈그림 42〉를 통해 확인해 보시죠.

---

17) 한국도서관협회 협회 보도자료 (https://www.kla.kr/jsp/info/association_data. do?procType=view&f_board_seq=56798)

〈그림 42〉한국도서관협회 제55회 도서관 주간 포스터

슬로건 혹은 표어는 이해하기 쉬울 정도로 단순한 것이 좋으며, 꾸준히 반복적으로 노출을 했을 때 효과가 있다고 합니다. 가랑비에 옷이 젖듯이 조금씩 스며드는 셈이지요. 따라서 상업적 광고는 물론이고 정치 행동에서도 두루 쓰인다고 하는데, 그러므로 도서관에서도 어렵게 채택한 슬로건들을 도서관 주간을 넘어 연중 두루 활용할 수 있는 방안을 모색할 필요가 있습니다.

6) 징글(Jingle)

징글은 상업적으로 사용되는 짧은 길이의 곡으로 텔레비전이나 라디오의 광고 음악으로 많이 사용됩니다. 멜로디나 가사를 통해 사람들이 한 번 듣고도 기억하기 쉽도록, 해당 상품의 특징을 잘 전달하도록 간결하게 만든다는 특징이 있습니다.

도서관에서는 아직 징글을 사용했다는 기록을 본 적이 없는데, MBC의 로고송이었던 '만나면 좋은 친구'와 같은 것을 개발해 모든 국·공립 도서관의 개관 및 폐관 시간, 홈페이지 접속 시 자동으로 울려 퍼지게 하면 좋겠습니다.

7) 굿즈(Goods)

굿즈는 당초 연예 기획사에서 인기를 끌고 있는 연예인이나, 스포츠 구단에서 팬들을 대상으로 디자인해 판매한 상품들을 일컫습니다. 그런데 지금은 제작해 판매하는 곳의 범위가 넓어졌고, 상품이 종류도 보통 응원봉, 모자, 옷이나 가방, 컵, 인형 등이 주를 이루었으나, 최근에는 이 또한 더욱 다양해지고 있습니다.

도서관들도 오래 전부터 굿즈를 한정 제작해 도서관 개관 기념일, 책 축제 등의 특별한 행사가 있을 때 나누어 주거나, 판매를 하고 있기도 했습니다. 그 중에서 COEX 내에 있는 '별마당도서관'은 2018년 5월부터 6월까지 도서관 개관 1주년을 기념하여 도서를 기부하는 시민들에게 연필, 노트, 에코 백을 선물로 주는 행사를 개최한 적이 있습니다.

〈그림 43〉 별마당도서관 개관 1주년 기념 굿즈

이후 2019년 6월에는 도서관의 정체성을 담은 '에코 백'과 '머그 컵'을 개발해 판매를 시작했는데, 이 두 종을 선택한 이유는 '에코 백'에는 책을 담을 수 있고, 그 책을 읽으면서 '머그 컵'에 탄 커피를 마실 수 있다는 점이 도서관과 가장 잘 어울린다고 생각했기 때문이라고 합니다. 이 굿즈들은 스타필드 코엑스점에 입점해 있는 '이마트 24'와 '영풍문고', '자주(JAJU)' 매장에서 판매를 하고 있다고 합니다.

〈그림 44〉 별마당도서관 굿즈

필자 역시 여러 도서관들로부터 받은 많은 에코 백을 갖고 있습니다. 그런데 그 중에서 거의 매일 들고 다니는 것은 '서울도서관' 에코 백입니다. 여러 에코 백 가운데 이것을 가장 열심히 사용하는 이유는 우선 깔끔하면서도 예쁘고, 안에 작은 주머니가 달려 있어 그 또한 실용적이기 때문입니다. 게다가 이 에코 백을 메고 나가면 많은 분들이 예쁘다면서 자신도 구해달라고 한 적이 여러 번 있기 때문이기도 합니다. 그러니 이미 소장한 사람으로서 더욱 애착을 가질 수밖에 없습니다.

이와 같은 필자의 경험만으로도 도서관 굿즈가 홍보용 매개체로 충분한 역할을 할 수 있다는 점을 알 수 있을 것입니다. 그러므로 어차피 예산을 사용해 제작하는 굿즈라면 조금 더 많은 사람들이 갖고 싶을 정도의 정성을 들일 필요가 있겠습니다.

다음의 〈그림 45〉는 검정색과 베이지색 두 종류의 서울도서관 에코백이며, 이어서 〈그림 46〉은 '북 카드' 이미지를 얹어 제56회 전국도서관대회 참가자들에게 배부해 큰 인기를 끌었던 에코백입니다. 이 에코백 역시 도서관 굿즈로 손색이 없을 것 같아 함께 제시해 봅니다.

〈그림 45〉 서울도서관 에코백

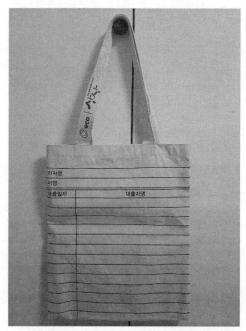

〈그림 46〉 제56회 전국도서관대회 에코백

Imagine

☆
_____

상상도서관

세 번째 상상

멀티플렉스(Multiplex) : 도서관의 복합화

Library

멀티플렉스(Multiplex)

도서관의 복합화

멀티플렉스라는 단어를 들으면 대부분의 사람들은 '영화관'을 먼저 떠올릴 겁니다. 사실 **어떤 곳은 여러** 개의 스크린을 가진 영화관이 맞지만, 또 어떤 곳은 쇼핑센터와 식당 등이 함께 있는 곳인데도 말입니다. 영화관은 다양한 시설 중 한 곳일 뿐이며, 심지어 다른 곳에 비해 적은 규모일 수도 있습니다. 따라서 멀티플렉스를 제대로 정의하자면 '다양한 시설들을 함께 합쳐 놓은 복합 건물'이 맞습니다.

그렇다면 어째서 다양한 시설들을 합쳐 놓은 것일까요? 제4차 산업 혁명기를 맞이했다는 현 시대의 키워드는 '융합(Fusion)'입니다. 즉, 종래에 지켜오던 것들 중 계속 유지 및 보전을 통해 전문성을 계승해 나갈 부분도 있겠지만, 둘 이상의 사물을 서로 섞거나 조화시켜서 하나로 합하여 재생산한다면 새로움이 추구됨과 동시에 함께 성장할 수 있다는 것입니다. 세상이 빠르게 바뀌고 있으니 그에 알맞은 합리적 선택이 필요하다는 입장이지요. 결국 그래야 적응도 가능하고 살아남을 수 있기 때문입니다. 마침 편리함에 익숙해진 사람들도 한 곳에서 여러 가지를 동시에 해결할 수 있기를 바랍니다. 쇼핑을 한 뒤 밥도 먹고, 영화를 본 다음 아예 장도 볼 수 있다면 효율적이라고 생각하는 거지요. 그야말로 가성비(價性比)와 가심비(價心比)를 동시에 높이는 선택을 하는 것입니다.

그러면 도서관은 어떨까요? 물론 도서관은 상업성을 지향하는 여타의 시설들과 분명 다른 공공성을 띠고 있습니다. 그러나 많은 이용자(고객)들이 필요성을 느껴 찾아올 수 있도록 해야 한다는 측면에서는 똑같습니다. 만약 이용자(고객)들이 찾지 않는다면 자료 보존의 목적 이외에는 존재 가치가 없으니까요. 그래서인지 우리나라 도서관들도 점차 복합화 되어 가고 있는 양상입니다. 이는 좁은 국토 면적에 따른 부지 확보 및 건축 비용의 절감, 다른 시설과의 복합화에 따른 인프라 확충 방안으로써 효율적 선택일 수 있기 때문입니다.

하지만 전 세계적으로 이와 관련된 연구는 찾기가 어렵습니다. 그 와중에 다행히 복합용 건축물 관련 논문이 있어, 이론적 측면을 보완하기 위해 내용 중 일부를 인용하면서 국내 현황도 함께 살펴보고자 합니다.

현대적인 개념의 공공도서관 서비스가 가장 먼저 시작된 영국에서는 1세기 전부터 복합 건물형 공공도서관을 건립하기 시작했다고 합니다. 셰필드(Sheffield)시는 1890년대부터 1900년대 초에 세 개의 도서관을 건립하면서, 도서관의 이용률을 높이고 주민들의 이용 편의도 도모하기 위해 수영장, 공중목욕탕, 공통 세탁실이 도서관과 함께 복합 건물로 구성되도록 설계했다고 합니다. 또한 미국에서는 1971년에 처음으로 쇼핑센터 내 도서관이 문을 열었고, 호주 뉴사우스웨일즈(NSW)주에서도 21개의 공공도서관이 복합 건물의 한 형태인 쇼핑센터에 자리를 잡았다고 합니다. 아시아 국가 중에는 싱가포르에서 도심의 대규모 쇼핑센터(Orchard Gateway)나 백화점에 공공도서관이 건립되었고, 일본의 경우 세타가야구(世田谷區)에 있는 15개의 공공도서관 중 12개가 복합 건물형이라고 합니다. 더불어 그 중 9개는 구민(區民)센터 내에 있다고 하네요.[18] 싱가포르 및 일본의 예는 〈그림 47〉 및 〈그림 48〉, 〈그림 49〉를 통해 확인해 보십시오.

〈그림 47〉 Library@Orchard[19]

---

18) 김영석. 2014. 복합용건축물 내 공공도서관 건립에 관한 연구 : 서울시 공공도서관을 중심으로. 『한국도서관정보학회지』, 45(3): 395-414.

19) Library@Orchard의 설계를 맡은 'New Space.' 홈페이지 (http://newspace.com.sg/en/projects/96-library-orchard.html)

〈그림 48〉 Library@Orchard Fiction Collection at Studio Level 3[20]

〈그림 47〉과 〈그림 48〉은 싱가포르의 대규모 쇼핑센터인 'Orchard Gateway' 내 3층과 4층에 위치한 'Library@Orchard'의 모습입니다. 이 도서관은 우리나라 '스타필드 코엑스몰'에 있는 '별마당도서관'의 모델이 되었다고 합니다.

이어서 〈그림 49〉는 일본 세타가야구립도서관 홈페이지입니다. 한국어 번역된 홈페이지로 볼 수 있어서 편리하네요.

---

20) National Library Board Singapore (https://www.nlb.gov.sg/VisitUs/BranchDetails/tabid/140/bid/337/Default.aspx)

〈그림 49〉 세타가야구립도서관 홈페이지[21]

그런데 이런 곳들보다 더욱 놀라운 곳은 스웨덴의 수도 스톡홀름의 북부 시스타(Kista)에 있습니다. 시스타(Kista)는 Ericsson, IBM, Microsoft 등 1천개가 넘는 기업들과 스웨덴 왕립기술원, 스톡홀름공대 등이 모여 있어 '모바일 밸리' 혹은 '와이어리스 밸리'라고 불리는 정보통신 클러스터(Cluster)입니다. 따라서 주민 3만 명 가운데 80% 정도가 외국 출신 사람들이라고 하는군요. 그들은 보통 쇼핑을 하기 위해서 대규모 쇼핑센터인 'Galleria'를 자주 찾는데, 그곳 2층에 2014년에 문을 열고 2015년에 국제도서관협회연맹(IFLA)으로 세계 최고의 공공도서관으로 선정된 '시스타도서관(Kista Bibliotek)'이 자리하고 있다고 합니다. 이곳은 1년 중 362일 동안 쇼핑센터가 문을 닫는 밤 9시까지 개관을 하며, 전 세계에서 온 사람들을 위해 스웨덴어 이외 외국 언어로 된 자료의 비중도 50% 가량 유지한다고 하네요. 다음의 〈그림 50〉은 시스타도서관 홈페이지입니다.

---

21) 세타가야구립도서관 홈페이지 한국어 버전 (http://translation2.j-server.com/LUCSTGKL/cdata/lucstgkl0_jako.html)

상상 도서관

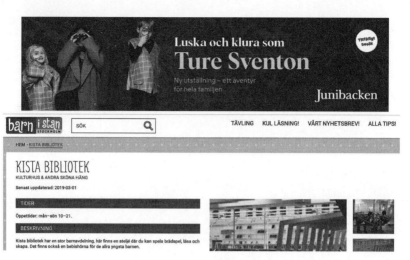

〈그림 50〉 시스타도서관 홈페이지[22]

그렇다면 우리나라의 현황은 어떨까요? 2012년 말 서울 시내에서 건립 및 운영되고 있는 116개의 공공도서관 중 4개의 사립도서관을 제외한 112개의 건축물을 중심으로 분석한 결과, 단독 건물형 도서관은 57개로 50.9%, 복합 건물형 도서관은 55개로 49.1%였다고 합니다.[23] 이 결과를 통해 우리는 그래도 2012년 말까지는 단독 건물형 도서관이 더 많았다는 것을 알 수 있습니다. 하지만 벌써 10여 년 전의 결과이고 그사이 많은 도서관들이 건립되었기 때문에, 현재는 복합 건물형 도서관의 비중이 더 높을 수 있습니다. 그 대표적인 예는 2017년에 개관한 '스타필드 코엑스몰'에 있는 '별마당도서관'이 되겠지요.

---

22) 시스타도서관 홈페이지 (https://www.barnistan.se/kista-bibliotek?fbclid=IwAR3y8MCZ
pP1st67boPFMKTsoWhECoHq3uIHfcbowYsnCS-0KPMsKQkLLgIM)

23) 김영석. 2014. 앞의 논문. p. 400.

〈그림 51〉 별마당도서관

    물론 '별마당도서관'은 대출을 해주지 않는 등 일반 공공도서관과는 다른 체계를 갖고 있습니다. 그럼에도 국내를 넘어 외국 관광객들에게도 가장 많이 알려진 도서관입니다. 그 비결이 무엇일까요? 국내 및 해외에서 400여 종을 모아 놓은 잡지 특화 코너 때문일까요? 물론 그런 점도 이유일 수 있겠지만, 사람들이 많이 모일 수밖에 없는 대형 쇼핑센터 내에 있기 때문일 것입니다. 원종준과 안건혁[24]은 향후 공공도서관과 상업 시설을 복합화한다면 소규모보다는 시장, 백화점, 쇼핑센터와 같은 대규모 시설과의 복합화가 시너지 효과를 낼 거라고 하였습니다. 또한 큰 규모의 단독 시설보다는 중소형이면서 접근성이 높은 복합 건물 형태가 바람직

---

24) 원종준·안건혁. 2010. 공공도서관 입지 및 시설 특성이 이용 활성화에 미치는 영향 연구 : 서울시 공공도서관을 대상으로. 『대한건축학회논문집 계획계』, 26(2): 79-86.

하다고 제안했습니다. 이런 제안과 연결 지어 보자면 '별마당도서관'이야 말로 쇼핑센터, 호텔, 도심공항터미널, 전시장 등이 함께 모여 있는 대규모 시설과의 복합화를 이룬 곳이지요. 이는 결국 국내 도서관들이 지향해 나가야 할 방향 중 하나라고 생각됩니다. **그렇다면 도서관의 복합화는** 어떤 방안으로 이루어지면 좋을까요? 또한 단독으로 유지해 나갈 방안은 없는 것일까요? 그에 대한 상상을 펼쳐보도록 하겠습니다.

 # 1 복합 건물형 도서관

그럼 복합 건물형 도서관의 복합화 방안에 대해 이야기하기 진에, 이미 경영이 되고 있는 곳들은 어떤 시설과 함께 복합화를 이루었는지에 대해 먼저 살펴보겠습니다.

첫 번째로 '화성시문화재단'에서 2011년도에 지하 2층 및 지상 3층의 철근 콘크리트 건물로 전면 개관한 '동탄복합문화센터'는 '반석아트홀', '동탄아트스페이스', '야외 공연장', '스포츠 센터(수영장·헬스장·에어로빅장 등)', '다목적실(필라테스·요가 등)', '화성문예아카데미', '어린이집', '옥외놀이 공간', '식당', '강의실'과 함께 '도서관'(2010년 개관)을 포함하고 있습니다. 따라서 운동을 할 수 있음은 물론이고, 전시 및 공연 등의 행사, 교육에도 참여할 수 있는 등, 1년 내내 다양한 프로그램이 기획 및 운영되고 있어 많은 사람들이 찾는 곳이라고 합니다. 다음의 〈그림 52〉는 동탄복합문화센터도서관이 있는 2층의 구조도입니다.

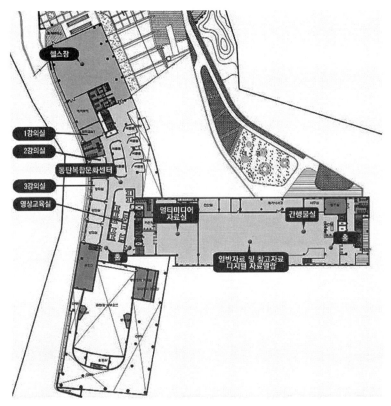

〈그림 52〉 동탄복합문화센터도서관 구조도[25]

　두 번째로 '고양시립가좌도서관'은 도서관과 보건지소가 함께 활용하고 있는 복합 건물입니다. 건물 지하 1층에는 보존 서고와 주차장이, 1층에는 보건지소가, 그리고 2층부터 4층까지는 도서관이 사용하고 있습니다. 이와 같이 도서관과 보건지소를 복합화한 이유는 그 지역에 지적인 측면과 의료 부분의 인프라가 부족하기 때문에, 두 요소를 동시에 충족시키기 위함이었다고 합니다. '고양시립가좌도서관'은 2016년 10월에 개관했으며, 건물의 외관은 다음의 〈그림 53〉과 같습니다.

25) 동탄복합문화센터 층별 안내 (http://hdmc.hcf.or.kr/hdmc/279)

〈그림 53〉 고양시립가좌도서관[26]

　세 번째로 '강남구립논현도서관'은 논현2동 주민 센터와 문화 센터, 어린이집 등이 함께 있는 복합 건물의 6층만을 사용하고 있습니다. 보통 작은도서관들이 행정복지센터(구 주민자치센터)의 일부 공간을 사용하고 있는 편인데, 강남구립도서관은 작은도서관이 아님에도 대부분 비슷한 실정으로 운영이 되고 있는 중입니다. 이는 강남구 자체에 독립 건물로 도서관을 지을 수 있는 곳이 없다는 것이 가장 큰 이유라고 합니다. 다음의 〈그림 54〉는 '강남구립논현도서관'의 입구입니다.

---

26) 고양시립가좌도서관 도서관 현황 (http://www.goyanglib.or.kr/ga/info/agree.asp)

〈그림 54〉 강남구립논현도서관

　이상과 같이 살펴본 세 곳의 도서관 이외에도 다양한 시설들과 복합화를 이룬 곳들이 분명 있을 것입니다. 그렇다면 이쯤에서 만약 도서관이 복합 건물형으로 지어진다고 했을 때, 함께 포함되면 좋을 시설은 어떤 것이 있을지 생각해 봅시다. 참, 그전에 복합용도 건축물에 대한 정의를 내리고 시작하겠습니다.

　복합용도 건축물은 공공 문화시설로써 도서관을 포함하고, 상업, 업무 등 각기 다른 독립적인 두 가지 이상의 용도가 존재하며, 각 용도들이 물리적·기능적으로 통합되고 일관된 계획에 의해 개발된 건축물로 정의합다다. 한편, 일부 단일용도 건축물 형태인 공공도서관 내에도 식당과 매점이 설치 및 운영되는 경우가 있습니다만, 이 경우는 도서관과 운영 주체 및 목적이 다르더라도 오랫동안 존치되어 도서관 운영 서비스를 보조하는 시설로 인식되었기 때문에, 아무리 그 시설이 있다 하더라도 단일 용도 건축물로 보는 것이 좋겠습니다. 다만 프랜차이즈 브랜드 등 운영 주체가 다른 카페가 있어서 도서관 이용자(고객)뿐만 아니라 외부 시민들을 상대로 영업도 하는 경우라면 복합용도 건축물로 정의하고자 합니다.[27]

이런 맥락에서 현재 도서관의 상황을 보자면 1층에 많은 카페들이 입점해 있기는 한데, 대부분 시나 구에 속해 있고 장애인이나 노인들에게 일자리 사업의 일환으로 운영하는 곳들이 많기 때문에 복합용도 건축물이라고 하기에 애매한 부분이 있습니다. 따라서 식당이나 매점, 카페와 같이 이미 도서관에 많이 포함되어 있는 시설들은 복합용도에서 제외를 하겠습니다. 또한 앞서 소개한 '고양시립가좌도서관'의 경우처럼 가장 바람직한 것은 그 지역에 꼭 필요한 시설들끼리의 복합화를 꾀하는 것이겠지요. 하지만 이 또한 지역마다의 차이가 클 것이므로 일단 다각도로 모색을 해보고자 합니다.

1) 기존 시설을 활용하는 측면의 복합화 방안

(1) 마트(Mart)와의 복합화

개인차가 크겠지만 사람들은 저마다의 관심사에 따라 활동을 하며 생활하는 일정한 영역이 있습니다. 이를 '생활 영역'이라고 하는데, 복합화가 결국 둘 이상을 합쳐 시너지(Synergy) 효과를 보겠다는 의도라면, 대부분의 사람들이 관심을 갖고 있기에 찾아가는 곳이거나 생활을 위해 반드시 갈 수밖에 없는 곳을 떠올려야 하겠습니다.

---

27) 김영석. 2014. 앞의 논문. p. 398.

그런 맥락에서 보자면 가장 먼저 떠올릴 수 있는 곳이 대형 '마트(Mart)'입니다. 마트는 시장, 장터, 상업 중심지 등을 뜻하는 단어로, 사람들이 필요한 것들을 사기 위해 자주 들르는 곳입니다. 우리나라에는 전국적으로 대형 마트들이 많은데, 지하철 및 전철역, 기차역, 터미널 등과 함께 있어서 대중교통을 이용하더라도 쉽게 들를 수 있는 여건입니다. 따라서 이미 경영이 되고 있는 마트 내에, 대출·반납과 간단한 열람만 가능하게 구성하여 정보를 유통시키는 목적으로 도서관을 개관하여 복합화를 꾀한다면, 이용자(고객)들에게도 훨씬 편리하겠다는 생각이 듭니다. 물론 마트는 영리를 추구하는 기업이기 때문에 매장 내에 공공성을 띠고 있는 도서관을 포함시키는 것이 여러모로 불리한 선택일 수 있습니다만, 해당 시에서 세금 감면의 혜택을 주는 방법 등이 있겠습니다. 마침 기업들도 사회 공헌을 위한 실천을 많이 하기 때문에, 그런 측면과 연결 지을 수 있는 방안도 있을 것입니다.

만약 이런 과정이 모두 해결되어 실제로 마트와 도서관이 복합화 된다면, 많은 사람들로 가장 붐벼서 소란스러운 식품 매장보다는 상대적으로 한가한 전자 매장이나 의류 매장 주변이 좋겠습니다.

(2) 지하철 · 전철역과의 복합화

경기도교통정보센터가 정리한 2018년도 교통DB[28] 중에서 전철/지하철역별 이용객수를 살펴보면, 2호선과 신분당선이 만나는 강남역이 74,509,854명으로 압도적 1위를 차지했습니다. 또한 2호선과 8호선이 만나는 잠실역이 64,010,752명으로 2위, 2호선과 경의중앙선, 공항철도가

---

28) 경기도교통정보센터 2018년도 교통 DB (http://gits.gg.go.kr/gtdb/web/trafficDb/railRoad/TransitSWPass.do)

만나는 홍대입구역이 60,241,918명으로 3위, 2호선 신림역이 50,621,572명으로 4위, 2호선 구로디지털단지역이 45,395,274명으로 5위, 3호선과 7호선, 9호선이 만나는 고속터미널역이 44,122,459명으로 6위, 2호선 삼성역이 43,642,302명으로 7위, 1호선과 2호선이 만나는 신도림역이 43,585,349명으로 8위, 1호선과 4호선, 경의중앙선과 공항철도까지 만나는 서울역이 39,591,008명으로 9위, 2호선 서울대입구역이 38,444,666명으로 10위를 차지했습니다.

이 결과를 보면 지하철과 전철을 왜 '시민의 발'이라고 비유하는지 쉽게 깨달을 수 있을 만큼, 많은 사람들이 이용하고 있다는 것을 알 수 있습니다. 더불어 도서관이 다른 시설과의 복합화를 꾀한다면 마트 못지않게 관심을 두어야 할 곳이 지하철이나 전철 역사일 수밖에 없다는 반증이 되어주기도 합니다. 물론 이미 지하철역에는 '스마트 도서관'이 설치되어 있으며, 그 수 또한 점차 증가하는 추세입니다. 따라서 굳이 지하철역이나 전철역과 도서관을 복합화 할 필요가 있느냐는 반론에 직면할 수도 있겠습니다만, '도서관'과 '스마트 도서관'은 엄연히 다릅니다. 따라서 이왕이면 규모가 작더라도 전문 사서가 근무하는 도서관이 설치되어 이용자(고객)들과 상호작용할 수 있는 기회가 늘었으면 좋겠습니다.

만약 지하철역이나 전철역과 도서관이 복합화 된다면 도서관이 설치 및 경영될 수 있는 장소는 크게 게이트를 기준으로 구분할 수 있겠습니다. 즉, 도서관이 게이트 밖 로비나 홀 등의 공간에 설치가 된다면 근거리에 살고 있는 시민들 전체가 이용 대상이 될 수 있습니다. 그러나 만약 게이트 안쪽에 설치가 된다면 지하철이나 전철을 이용하는 승객들로 대상이 한정되겠습니다.

다음의 〈그림 55〉는 지하철 7호선 상동역 안에 있는 '칙칙폭폭도서관'으로, 7천 권 가량의 장서를 소장하고 있으며 월요일부터 금요일까지 오전 9시부터 오후 6시까지 운영이 된다고 합니다.

〈그림 55〉 상동역 칙칙폭폭 도서관

이어서 〈그림 56〉은 지하철 4호선 평촌역 지하 1층의 모습으로, 승강장이 지하 2층이고 게이트가 지상 1층이어서 그 중간 지점입니다. 비록 기둥이 있기는 하지만 꽤 넓은 공간으로, 가끔 이곳에서는 옷이나 책을 판매하는 상점이 열리기도 합니다.

〈그림 56〉지하철 4호선 평촌역 지하 1층

2) 도서관 내에 새 시설을 설치하는 측면의 복합화 방안

(1) VR 체험관(VR Experience Hall)

문화체육관광부 문화예술정책실 문화기반과에서는 2020년 2월 5일 보도자료[29]를 통해, 문화 기반 시설을 활성화하기 위해 공모를 통해 최종 선정된 22개 지역 공립 박물관 및 미술관이 소장하고 있는 작품(유물)에 실감 기술을 접목해 새로운 콘텐츠를 개발하고 활용할 수 있게 지원하여, 관람객들에게 다양한 체험 서비스를 제공할 계획이라고 밝혔습니다. 이

---

29) 문화체육관광부 보도자료 (https://www.mcst.go.kr/kor/s_notice/press/pressView.jsp?pSeq=17798&pMenuCD=0302000000&pCurrentPage=2&pTypeDept=&pSearchType=01&pSearchWord=)

에 기존의 가상현실(VR) 위주의 체험관 서비스에서 벗어나 외벽 영상(미디어 파사드, Media Facade), 프로젝션 맵핑(Projection Mapping, 대상물의 표면에 빛으로 이루어진 영상을 투사해 변화를 줌으로써 현실에 존재하는 대상이 다른 성격을 가진 것처럼 보이도록 하는 기술), **대화형 매체**(인터랙티브 미디어, Interactive Media : 글자, 그림, 영상, 소리와 같은 콘텐츠를 눌러 사용자의 동작에 반응하는 매체), 고해상도 영상, 인공지능 등 다양한 실감 콘텐츠를 제작한다고 밝혔습니다.

정말 좋은 방안이라고 생각됩니다. 왜냐하면 박물관과 미술관에는 가치가 높은 많은 작품(유물)들이 소장되어 있지만, 지루하고 재미가 없는 곳이라는 인식을 갖고 계신 분들도 있기 때문입니다. 따라서 다양한 기술을 접목해 역동성과 함께 흥미 요소도 높인다면 작품(유물)에 대한 가치 또한 동반 상승할 것이라 생각됩니다.

그렇다면 도서관에도 이 방안을 접목해 보면 어떨까요? 다양한 실감 콘텐츠를 제작하는데 무리가 있다면 이 공모에 선정된 경기도 양평군의 제안이라도 참고해 볼 수 있겠습니다. 경기도 양평군에는 '황순원 문학촌 소나기마을'이 있습니다. 황순원의 소설 '소나기'의 배경을 재현한 곳으로, 황순원 문학관, 전시실, 체험장 등이 있어 많은 어린이집, 유치원, 초등학교에서 단체 관람을 가는 곳이지요. 양평군에서는 이곳을 찾는 관람객들이 소설 속 주인공이 되어 보는 인터랙티브 미디어(Interactive Media) 제작을 통해 실감 체험을 돕는다는 계획을 세운 건데, 아직 구현된 상태가 아니라 결과가 어떻게 나올지 모르겠습니다만, 직접 소설 속 장면으로 들어가 소통을 할 수 있다는 것만으로도 신기하고 재미있을 것 같습니다.

〈그림 57〉 양평군 황순원 문학촌 소나기마을 안내도

따라서 비록 문학촌까지는 아니지만 여러 문학작품을 소장하고 있는 도서관에서도 인터랙티브 미디어(Interactive Media) 제작을 통해 실감 체험을 도울 수 있다고 생각합니다. 제작을 위한 작품은 매월 선정해 왔던 '이달의 추천도서'를 활용해도 좋겠고, 비용이나 이용률의 측면을 고려한다면 그림책이나 동화 등 아동문학이 어떨까 싶습니다. 어린이나 청소년들에게는 창의성을, 어른들에게는 동심을 자극할 수 있을 테니까요.

다음의 〈그림 58〉은 제가 방문했던 '부산영화체험박물관 봄' 내부에 있는 '하이테크 시네마(High-Tech Cinema)'의 모습입니다. 이곳에서는 VR을 통해 몇 가지 체험을 해볼 수 있는데, 저는 부산의 유명 관광지를 둘러보는 코스를 선택했습니다. 그러자 화면에는 안내를 도와줄 요정이 등장했고, 마치 제가 그곳을 날면서 보고 있는 듯한 착각이 드는 영상이 구현되었습니다. 체험 시간은 5분 정도였는데, 주요 관광지에 대한 자세한 설명이 더해졌기 때문에 부산광역시를 알리는데 적절했다고 생각되었습니다. 그러므로 도서관에도 문학작품을 활용한 콘텐츠를 만들어, 이용자(고객)들이 그 내용을 VR 체험관(VR Experience Hall)에서 실감 체험을 해볼 수 있도록 추진해보면 좋겠습니다. VR 체험관의 공간은 3명에서 5명 정도가 동시에 체험을 해볼 수 있는 정도면 충분하겠으며, 서로 방해가 되지 않을 정도의 거리에 의자만 놓아도 되기 때문에 넓은 공간이 아니어도 되겠습니다. 또한 체험이 가능한 요일이나 시간을 미리 정한 뒤 사전 신청을 받아서 운영을 하면 별도의 인력이 상주하지 않아도 되겠으며, '1회용 체험 카드'를 받은 사람들이 스스로 체험을 해볼 수 있도록 시스템이 구축되어 있다면 필요시에만 관리를 해도 되겠습니다. 이때 '1회용 체험 카드'를 받을 수 있는 사람은 주별이나 월별 대출 권수를 바탕으로 이용자(고객) 중에서 선정을 하거나, 방학 중 독서교실에 참여하는 학생들 등으로 관련 기준이 필요하겠습니다.

〈그림 58〉
부산영화체험박물관 봄 하이테크 시네마

〈그림 59〉
부산영화체험박물관 봄 영화 예고편 만들어 보기 체험 카드

(2) 문학 테마 파크(Literature Thema Park)

아마 '해리 포터(Harry Porter)' 시리즈나 '이상한 나라의 앨리스(Alice in Wonderland)'라는 작품을 모르는 분들은 안 계실 것입니다. 전 세계 어린이들은 물론이고 어른들까지 환상의 세계로 이끈 작품들이니까요. 따라서 책, 영화 DVD를 넘어 관련 굿즈를 모두 모으려는 사람들도 많고, 할로윈(Halloween) 때에는 관련 캐릭터로 분장을 한 이들이 빠지지 않고 등장을 할 정도입니다. 그야말로 전 세계적인 인기가 계속 이어지고 있다고 할 수 있는데, 그래서인지 이와 같이 '해리 포터'를 사랑하는 사람들을 위한 카페가 우리나라에도 등장을 했다고 합니다. 이름하여 'King's Cross 9¾', 마법사들을 키워내는 학교 '호그와트(Hogwarts)'로 가는 급행열차를 탈 수 있는 역의 승강장 번호입니다. 저도 아직 이 카페를 가보지 못했습니다만, 이미 다녀온 분들의 블로그(Blog)를 보니 '해리 포터' 시리즈를 떠올릴 수 있는 장식물이 많이 설치되어 있는 것을 확인했습니다. 일종의 테마 파크인 셈이지요.

그런데 이런 시설들은 분명히 문학작품을 바탕으로 했기 때문에 도서관과도 관련이 있다고 생각합니다. 따라서 도서관에서도 이런 시설들을 설치할 수 있으며, 그랬을 때에는 해당 작품의 대출이나 열람을 높일 수도 있다고 생각됩니다. 특히 국내 작가의 작품 중 대중적인 인기를 끈 것을 골라 작품의 배경이 된 지방자치단체 내 도서관들이 설치를 한다면, 그 의미가 더 크겠습니다. 다음의 〈그림 60〉은 부산영화체험박물관 봄 내부에 설치되어 있는 '이상한 나라의 앨리스' 관련 시설입니다.

〈그림 60〉 부산영화체험박물관 봄 빙글 뱅글 앨리스와 함께 이상한 나라로

(3) 트릭 아트(Trick Art)

트릭은 사람의 눈을 속인다는 의미를 갖고 있습니다. 따라서 '트릭 아트'는 빛의 반사와 굴절, 음영과 원근 따위를 이용하여 그림을 입체적이고 실감 나게 표현하는 기법이자 작품으로, 사람들로 하여금 착시 현상을 느끼게 하는 것들입니다. 이미 서울특별시 인사동과 제주도 중문에는 '박물관은 살아있다'라는 체험 센터가 연중무휴로 운영되고 있고, 부산영화체험박물관 봄에도 'AR 트릭 아트 뮤지엄'이 운영 중입니다. 따라서 이미 많은 분들이 체험을 해보셨을 텐데, 이 작품들을 도서관에도 적용하면 재미있을 것 같습니다. 왜냐하면 도서관에도 외벽에서부터 진입로, 계단,

로비, 내벽 등 공간이 많기 때문입니다. 따라서 도서관의 목적 및 역할을 알리기 위한 내용에서부터 소장하고 있는 자료들과 관련된 트릭 아트를 구현해 보면 어떨까 싶습니다. 다음의 〈그림 61〉은 부산영화체험박물관 봄에 있는 'AR 트릭 아트 뮤지엄' 작품 중 하나입니다.

〈그림 61〉 부산영화체험박물관 봄 'AR 트릭 아트 뮤지엄'의 작품

(4) 코인 노래방(Coin Karaoke)

1990년대 초부터 시작되었다는 우리나라 노래방의 역사가 이제는 코인 노래방으로 이어졌습니다. 워낙 가무를 좋아하는 민족이다 보니, 예전에는 여러 사람들과 어울려 식사나 술을 한 잔 하고 나면 반드시 들러야 하는 곳이 노래방이었지요. 그러나 점차 술을 마시는 회식 문화가 사라지고 혼밥(혼자 밥 먹기), 혼술(혼자 술 마시기), 혼영(혼자 영화보기), 혼여(혼자 여행

가기) 등 혼자서 많은 것을 해결하는 사람들이 늘어나면서, 비록 좁은 공간이지만 내가 원할 때 가서 원하는 만큼의 노래를 즐겁게 부르고 올 수 있는 곳은 꽤 많은 분들의 마음을 사로잡은 것 같습니다. 그렇지 않고서야 코인 노래방이 전국적으로 계속 늘어나고 있을 리가 없으니까요.

도서관의 한 시설로써 코인 노래방을 설치하면 어떨까 하는 생각을 하게 된 이유는 청소년들 때문입니다. 아시다시피 대부분의 공공도서관에서 청소년은 잠재 이용자(고객)로 분류되는 대상들입니다. 물론 중간 및 기말고사 기간에는 공부할 곳을 찾아 공공도서관에 많이 찾아오지만, 그 기간 외에는 특별한 목적(자원봉사 시간이 필요할 때 등)이 있지 않는 한 발걸음을 하지 않습니다. 아니 학교 및 학원 공부와 과제가 바쁘고, 대학입시라는 대의명분이 있기 때문에 오지 못한다고 하는 것이 맞겠습니다. 그렇다고 해서 모두가 대학교에 진학을 할 것도 아닐 테고, 학교나 학원에 오래 머문다고 해서 매시간 공부만 할 것 같지는 않은데도 말입니다. 어쨌든 결과적으로 도서관에는 잘 오지 않은 학생들이 시간이 날 때 친구들과 함께 많이 찾는 곳이 코인 노래방입니다. 신나는 노래 한 곡 부르며 춤까지 추고 나면 학업 스트레스가 풀리겠지요? 그렇다는 가정 하에 청소년들을 유인하기 위한 방책으로 도서관에도 코인 노래방을 설치해보면 좋겠습니다. 도서관 방문 마일리지, 대출 마일리지, 열람 마일리지, 봉사 마일리지, 도서관 홈페이지 내 지정 게시판에 서평을 올릴 때마다 주는 지식 마일리지 제도 등을 운영해, 일정한 점수에 도달하면 노래방을 이용할 수 있는 코인을 제공해 주면, 무료로 노래를 부르고 싶은 청소년들이 도서관을 열심히 찾아오지 않을까요?

만약 이 제안에 따라 코인 노래방이 설치된다면 일반 이용자(고객)들도 틈틈이 이용할 수 있을 것입니다. 특히 아직 열람실을 운영하고 있는 도서관 중 하루 종일 고시 공부에 매달리는 이용자(고객)라면, 쉬는 시간에 노래 한 곡 부른 뒤 다시 마음을 다잡고 책상으로 향할 수 있겠습니다. 단, 코인 노래방은 지하 식당이나 매점 근처에 설치를 하면서 특히 방음에 신경을 써야 하겠습니다.

(5) 방 탈출 카페(Escape Room)

방 탈출 카페는 정해진 시간 안에 문제를 해결하면서 밀폐된 방에서 탈출하는 것을 목적으로 하는 놀이 공간입니다. 그래서 보통 몇 사람이 한 팀을 이루어 추리력을 모아 게임에 임하게 됩니다.

독서를 하게 되면 증진되는 능력이 다양한데, 그 중 하나가 바로 문제 해결능력입니다. 간접 체험을 통해 지혜를 쌓게 되면, 어떤 문제에 당면했을 때 비교적 당황하지 않으면서 해결해 나갈 수 있다는 것입니다.

따라서 마침 도서관이 많이 갖고 있는 독서 자료들을 활용해 도서관 내에도 방 탈출 카페의 콘셉트와 비슷한 공간을 만들면 어떨까 하는 생각을 해봤습니다. 이 방은 집단 독서를 위한 공간이자 동시에 단체 게임 공간이기도 합니다. 왜냐하면 게임에 참가한 사람들은 방 탈출을 위해 문제 해결을 해야 하는데, 그 답은 자료 안에 있습니다. 따라서 역할을 나누어 읽으며 함께 문제를 해결해 나가야지요. 혹시 발생할 수도 있는 만약의 사고에 대비해 모든 방에는 CCTV를 설치해야 하며, 언제든 관리 담당자와 통화할 수 있는 인터폰도 설치가 되어야 하겠습니다. 또한 게임에 참여할 수 있는 인원과 시간, 규칙 등은 규모 등에 따라 설정될 필요가 있을 텐데, 만약 3명이 최소 기준이라면 그 중 한 사람 이상은 반드시 도서관

회원이어야 한다는 규정도 필요하겠습니다. 예약자가 없을 때에는 특색 있는 열람 공간으로 활용하는 것도 가능하겠지요.

2 단독 건물형 도서관

특화도서관은 공공도서관의 기본 역할을 수행하면서 지역 사회의 요구 및 지역 콘텐츠를 기반으로 주제를 선정하고, 전문 인력, 자료, 서비스, 네트워크 등을 갖춰 주제 분야에 대한 전문성을 높임으로써 차별화된 서비스로 이용자의 요구를 충족시키고 지역 사회 문제를 해결하는 도서관으로 정의합니다. 따라서 이는 기존 공공도서관의 문화 기능, 교육 기능, 정보 제공 기능, 평생학습 기능 등에 특화서비스 기능을 추가하여, 다양하고 특화된 프로그램을 개발하여 제공함으로써, 지역 사회 구성원 모두가 함께 지역 문화 창조에 참여할 수 있는 기능을 실천할 수 있는 도서관입니다.[30]

단독 건물형 도서관에 대한 이야기를 시작하기 전에 특화도서관에 대한 개념부터 살펴본 이유는, 많은 공공도서관들이 주제별 특화를 기하고 있기 때문입니다. 주제별 특화는 '영어도서관', '미술도서관', '음악도서관' 등과 같은데, 이와 같이 특화를 기하는 목적은 같은 지방자치단체 산하에 있는 여타의 도서관들과의 구분은 물론이고, 정보를 제공하거나 교육 서비스를 제공하는 문화센터, 평생교육원과 같은 기타 기관들과의 차별

---

30) 노영희 외. 2018. 특화도서관 운영 가이드라인 개발에 관한 연구. 『한국도서관정보학회지』, 49(4): 119-145.

성도 얻기 위함입니다. 이는 결국 도서관만의 전문성을 획득해 이용자(고객)들에게 필요성과 중요성을 어필하기 위한 목적이라고 할 수 있으며, 더 근본적으로는 기관이 존속해 나가기 위한 방편이라고도 할 수 있습니다.

따라서 '단독 건물형 도서관'을 설립 및 운영한다는 것은 이용자(고객)들에게 또 하나의 주제별 특화 도서관이 등장한다는 기대감을 안겨 줄 수 있는 요소입니다. 마침 점차 다양하면서도 새로운 주제별 특화 도서관들이 등장하고 있기 때문에, 그 다양성이 어느 지점까지 미칠 수 있을지 지켜볼 필요가 있습니다. 다음의 내용은 그 주제별 도서관 후보가 될 수 있는 방안에 대한 상상들입니다.

1) 국가고시 전문 도서관

2020년 1월 14일, 잡코리아와 알바몬이 20·30대 대학생과 직장인 2,201명을 대상으로 진행한 설문 조사 결과[31]에 따르면, 전체 응답자의 44.4%가 공시족(각종 공무원 채용 시험을 준비하는 사람들)으로 나타났다고 합니다. 또한 전체 응답자의 47.5%는 2020년에 시행되는 공무원 시험에 응시할 계획이라는데, 그 안에는 현재 직장에 다니고 있는 직장인들이 30.3%, 취업 준비를 하고 있는 사람들의 58.7%가 포함되어 있다고 합니다.

그런데 안타까운 일이지만 문헌정보학과를 다니고 있는 대학생들의 대부분도 공무원 시험을 준비하고 있습니다. 국립도서관이나 공공도서관,

---

31) 잡코리아 뉴스 (http://www.jobkorea.co.kr/goodjob/Tip/View?News_No=16378&schCtgr=0&Page=4)

학교도서관에서 사서(교사)로 근무를 하기 위해서는 우선 관련 시험을 통과해야 하기 때문입니다. 하지만 시험에 응시하는 사람들의 숫자에 비해 매년 선발되는 인원은 적습니다. 따라서 몇 년씩 합격의 희망을 안고 공부하는 사람들도 많고, 아예 다른 분야로의 진출을 위해 **준비하는 이**들도 있습니다.

물론 이런 현상을 문헌정보학과 학생들에게서만 볼 수 있는 것은 아닙니다. 타 학과 학생들은 물론이고 대학원생, 이미 **직장에 다니고** 있는 사람들, 주부들, 심지어 고등학생들까지 공부를 하고 있는 실정이기 때문입니다. 공무원이야말로 어쨌든 정년이 보장되는 안정된 신분이라는 믿음 때문입니다.

다들 알고 계시다시피 이들 중 상당수는 노량진에 있는 학원들을 다니며 공부를 하고 있습니다. 그래서 노량진은 우리나라 공무원 시험 준비의 메카(Mecca, 어떤 분야의 중심지)라고 불리지요. 그러므로 노량진에 '국가고시 전문 특화도서관'이 있으면 좋겠다는 생각을 해봤습니다. 그야말로 이곳에는 국가고시에 대한 모든 정보와 자료들을 총망라 해놓는 것입니다. 그래서 인사혁신처에서 운영하고 있는 '사이버국가고시센터(www.gosi.kr)'의 오프라인 공간으로서의 역할을 해낸다면, 많은 수험생들에게 도움을 주는 공간이 될 수 있겠습니다.

2) 캠핑 도서관

보람 있는 일을 열심히 하면서 사는 것도 좋지만, 가족이나 친구들과 함께 시간을 보내고 적절한 휴식을 취하는 것 또한 매우 중요합니다. 이처럼 일과 삶의 균형(Work and Life Balance)을 중시하는 사람들이 많아지면서, 주말이나 휴가, 방학을 맞아 캠핑을 떠나는 사람들 또한 증가했다고 합니다. 캠핑(Camping)은 산이나 들, 바닷가 등에서 텐트를 치고 야영하는 것을 의미합니다만, 요즘에는 장비도 다양해지면서 그 형태 또한 다채로워진 것 같습니다. 어쨌든 2018년 기준 캠핑 인구가 600만 명이 넘었다고 하니, 2020년인 현재는 아마도 700만 명 가까이 되었거나 이미 그 이상이 되었을 가능성도 있겠습니다.

그래서 이런 사회적 분위기를 감안해 두 번째로 상상해 본 주제별 도서관은 '캠핑 도서관'입니다. 캠핑은 좋은 경치를 보며 편하게 쉬고 놀며 맛있는 것을 해먹기 위해 가는 건데, 굳이 도서관과 관련을 지을 필요가 있느냐 반문하는 분들도 계시겠습니다. 하지만 캠핑의 목적이 꼭 그런 것에만 있는 것은 아닙니다. 오히려 조용한 곳에서 독서를 하거나 사색을 즐기려는 분들도 계실 겁니다. 또한 혼자 떠나고 싶은데 마땅한 장비가 없거나 위험하다는 생각에 실행을 못하는 분들도 계실 겁니다. 따라서 그런 측면들을 감안하여 점차 많아지고 있는 지방 도시의 폐교를 '캠핑 도서관'으로 리모델링하면 어떨까 싶습니다.

충청남도교육청[32]은 2020년 1월 29일 교육청 홈페이지 자료실에 '충남

---

32) 충청남도교육청 자료실 (http://www.cne.go.kr/boardCnts/view.do?boardID=235&boardSeq=2067872&lev=0&searchType=null&statusYN=W&page=1&s=cne&m=081203&opType=N)

폐교 재산 이렇게 활용합시다!'라는 제목의 안내 책자를 제작해 올렸습니다. 책자 제작 및 보급 목적은 도교육청 산하에서 폐교되는 학교를 재사용함으로써 지역 사회 발전의 동력을 마련한다는 취지였습니다. 책자의 내용을 살펴보면 '신풍초등학교 영정분교'는 '공주 북 캠프'로, '정곡초등학교'는 '정곡발명교육센터'로, '삼선초등학교'는 '한성티앤아이 드론교육원'으로 각각 용도가 변경되었다고 합니다. 이 가운데 '공주 북 캠프 (http://www.gongjubookcamp.co.kr)'는 '캠핑 도서관'의 모델이 될 수 있는 곳이기도 합니다. 다만 캠핑과 도서관이 겸해지면서 도서관으로서의 역할에 비중을 더 둔다는 측면이 달라야 하겠습니다. 따라서 폐교 건물 자체는 리모델링 과정을 거쳐 도서관으로 활용하고, 운동장에는 캠핑카를 주차할 수 있는 공간, 대여를 해줄 수 있는 글램핑(Glamping)장도 별도로 설치하면 좋겠습니다. 더불어 파주에 있는 '지혜의 숲'처럼 밤샘 독서를 할 수 있는 실내 공간도 마련되어 있고, 가족을 대상으로 한 독서 활용 프로그램도 실행이 된다면 더욱 알차겠습니다. 만약 이 구상대로 '캠핑 도서관'이 전국적으로 건립 및 경영될 수 있다면, 이곳만을 찾아다니며 캠핑을 즐기는 마니아(Mania)들도 생기지 않을까 싶습니다.

자, 제 상상을 따라오다 보니 저절로 떠오르는 생각이 있으신가요? 그렇다면 제 부족한 상상에 그 생각을 더해보시기 바랍니다. 더 멋진 도서관들이 많이 생겨날 수 있도록 말입니다.

네 번째 상상

매쉬 업(Mash up) : 프로그램 기획과 개발

Library

매쉬 업(Mash up)

프로그램 기획과 개발

우리말 접미사 가운데 '~답다'라는 것이 있습니다. 이 말은 '~과 같다' 혹은 '그럴만한 가치가 있다', '그것이 지니는 성질이나 특성이 있다'는 의미로, 일부 명사나 명사구, 또는 어근의 뒤에 붙어 형용사를 만들어 줍니다. 만약 '답다' 앞의 명사가 사람일 경우에는 '~의 자격이 있다' 혹은 '신분이나 특성에 잘 어울린다'는 의미로 사용됩니다. 예를 들어 '남자답다'가 그렇습니다. 물론 이럴 때는 '답다'의 기준이 무엇인지 애매함을 불러일으킬 수 있지만 말입니다.

그렇다면 '도서관답다'는 것은 과연 무엇일까요? 도서관은 교육의 장(場)이자 레크리에이션의 장(場)이기도 합니다. 따라서 그런 목적을 달성하기 위해 많은 프로그램들이 기획 및 실행되고 있습니다. 그런데 그 내용을 보면 교육이면서 동시에 레크리에이션이기도 하지만 도서관답지는 않은 것들이 꽤 있습니다. 물론 보다 많은 이용자(고객)들을 유치한다는 명분이 있지만, 그럼에도 도서관다움을 버린다는 것은 결국 정체성의 혼미를 의미한다고 생각합니다. 따라서 이번 장에서는 도서관다우면서도 여러 측면과의 '매쉬 업(Mash up)'을 통한 프로그램 기획과 개발에 대해 상상해 보고자 합니다.

우선 '매쉬 업(Mash up)'의 개념부터 살펴보면 이렇습니다. '매쉬 업'이란 원래 음악 장르 중 힙합에서 사용하던 용어로 여러 곡을 섞는 기술을 지칭하던 말이었다고 합니다. 그런데 지금은 여러 분야에서 활용하고 있는 단어로 의미가 확장되었습니다. 예를 들어 IT 분야에서는 그 의미가 웹에서 제공하는 정보 및 서비스를 이용하여 새로운 소프트웨어나 서비스, 데이터베이스 등을 만드는 기술, 즉 다수의 정보원이 제공하는 콘텐츠를 조합하여 하나의 서비스로 제공하는 웹 사이트 또는 애플리케이션으로 통합니다. 표현하는 단어만 다를 뿐, 네트워크(Network)나 퓨전(Fusion)과 흡사한 개념이라고 할 수 있겠습니다. 이미 미국에서는 매쉬 업을 활용한 범죄 통계 정보, 허리케인 정보, 주유소의 가격 정보, 온천 정보, UFO 목격 정보, 뉴욕의 영화 로케이션 현장 정보 등 다양한 분야의 정보를 제공해 주고 있다고 합니다.

그러면 네트워크(Network)나 퓨전(Fusion), 매쉬 업(Mash up)과 같은 개념이 왜 자꾸 등장을 하고, 여러 분야에서 활용이 되는 것일까요? 산업혁명이 4차까지 진행되는 동안 인류는 융합이나 연결보다는 분리 및 개별화로 치달은 경향이 있습니다. 그 대표적인 반증은 핵가족을 넘어 1인 가족으로 살아가는 사람들의 모습입니다. 다행히 현 시대에는 활용 방법을 익히고 접속을 통해 소통을 하고자 한다면 전 세계인들을 만날 수 있는 SNS가 잘 발달되어 있습니다. 또한 전 세계는 사물인터넷(IoT)과 인공지능 기반의 만물초지능 혁명으로써, 사람과 사물, 공간을 초연결, 초지능화하여 산업구조와 사회 시스템에 혁신을 가져오는 것에 기본 초점을 두고 있는

4차 산업혁명 시대를 맞이하고 있습니다.[33] 그야말로 다시 연결을 통해 통합을 꾀하는 시대로 회귀하는 변혁의 기점에 놓여 있는 것입니다. 따라서 우리는 다시 네트워크나 퓨전, 매쉬 업에 집중하지 않을 수 없습니다.

그러므로 도서관에서도 도서관다우면서도 새로움을 제공할 수 있는 분야 및 기술들과의 연결이나 융합을 통해, 새로운 프로그램을 개발 및 제공할 필요가 있습니다. 필요하지 않을까요? 더불어 상상하면 결국 가능해지지 않을까요? 다음의 제안에 여러분들의 생각을 더해보시기 바랍니다.

1 도서관 자료들의 매쉬 업

도서관은 정보를 유통시키는 곳입니다. 즉, 가치가 있을 정보들을 두루 수집해 놓은 뒤 그 정보를 필요로 하는 사람들에게 제공해 주는 역할을 하는 곳입니다. 따라서 다양한 미디어로 이루어진 여러 정보들을 갖고 있습니다.

그런데 그 많은 정보 자료들 가운데 이용자(고객)들의 선택을 받는 것은 극히 일부분입니다. 즉, 유통이 잘 되는 것은 극히 일부분이고 나머지는 마치 창고에 쌓인 재고와도 같다는 것입니다. 도서 자료로 예를 들자면 문학 분야에 대한 대출이나 열람이 가장 많은데, 문학 내에서도 시에 대한 선호도는 낮습니다. 따라서 몇 년 동안 한 번도 사람의 손을 타지 않은 자료들도 있습니다.

---

33) 임성관. 2017. 『사람 책을 활용한 지역네트워크 구축 방안』. 의정부: 경기도교육청. p.4.

그러므로 도서관 사서들은 많은 예산을 투입해 선정 및 수집한 자료들이 오랜 시간 방치되어 있다가 결국 폐기가 되거나 보존서고에 갇히게 두어서는 안 됩니다. 더욱 적극적으로 그 자료들의 가치를 노출시키기 위한 노력을 해야 합니다.

현재는 그 붐이 점차 가라앉고 있는 느낌입니다만 2018년도부터 도서관계에는 큐레이션이 꽤 인기였습니다. 큐레이션 서비스는 다양한 분야에서 생산된 정보를 수집하여 그 가운데 유용한 정보를 골라내어 개인의 취향을 분석해 적절한 정보를 추천해 주는데 목적을 두고 있습니다. 따라서 다양한 분야의 유용한 정보를 갖고 있는 도서관과 사서들이 '독자 상담(Reader's Advisory)'의 측면에서 접목할 수 있는 방안이었지요. 하지만 인력의 부족 등 전반적인 여력의 부족 때문인지, 그 양상은 월별 주제를 정해서 특정 공간을 할애해 주로 도서 자료를 바탕으로 전시를 하는 정도였습니다. 다음의 〈그림 62〉처럼 말입니다.

〈그림 62〉 의정부미술도서관 큐레이션 코너

그래도 이렇게나마 서가에서 잠자고 있던 자료 중 일부를 주제별로 꺼내어 이용자(고객)들에게 노출을 시킨다면, 분명 열람이나 대출로 연결될 수 있기 때문에 그 자체만으로도 큰 성과라고 생각합니다. 하지만 전시가 되는 주제나 자료의 종류가 한정적일 수밖에 없기 때문에, 조금 더 적극성을 갖고 실천해 나가면 어떨까 싶습니다.

그렇다면 이런 방안은 어떨까요? 우선 시민들을 어린이, 청소년, 성인, 노인으로 구분해 대상별 '미디어 리터러시(Media Literacy)' 교육을 실시하는 것입니다. 앞서 이야기 했듯이 도서관은 여러 미디어들을 갖고 있는 곳이고, 그것을 활용해 필요한 정보를 얻을 수 있는 곳이기도 합니다. 그런데 읽고 이해한 뒤 활용할 수 있는 능력인 리터러시(Literacy)의 부족으로, 여러 미디어를 충분히 이용하지 못하는 사람들도 있습니다. 특히 미디어가 많고 그것들이 어렵다고 느끼는 사람들에게는 그렇습니다. 그러므로 우선 도서관은 여러 미디어를 갖고 있는 곳이라는 인식도 심어줄 겸 관련 교육을 실시하면 좋겠습니다.

이 방안에 대한 구체적인 예가 될 수 있는 강의 계획안은 부록의 〈표 4〉에 담겨 있습니다. 그 내용에 대해 간략히 설명하자면 2020년 1월 중에 경기대학교 교육대학원에서 사서교육전공 석사과정 학생들을 위해 실시된 '미디어 리터러시 역량 강화' 강의 계획안입니다. 아시다시피 사서교육전공 학생들은 대부분 학교도서관에서 근무를 하고 계십니다. 따라서 혼자 근무하고 있는 학교도서관 전문 사서(교사)로서 해야 할 일이 많지요. 그 중 현 시점에서는 근무하고 있는 학교의 학생들에게 미디어 리터러시 역량을 키워주기 위한 교육을 제대로 실시하는 것 또한 중요하다고 생각합니다. 왜냐하면 올드 미디어에서부터 뉴 미디어에 이르기까지 여러 종류의 미디어가 있는데, 학생들은 주로 스마트 폰과 컴퓨터를 통한 게임이나 SNS에만 집중을 하기 때문입니다. 따라서 이 강의는 학교도서관 사서(교사)들에게 미디어 리터러시 교육을 실시할 수 있는 역량을 강화시키기 위한 과정이었습니다. 다만 아쉬운 점이라면 강의가 5회로 이루어졌기 때문에 미디어를 세부적으로 다루지 못했다는 점입니다. 따라서 가능하다면 더 오랜 기간에 걸쳐 인쇄 자료인 도서, 신문, 잡지, 웹툰으로부터 시작해 영상 자료인 영화, 드라마, 다큐멘터리, 광고, 뮤직비디오 등, 음악 자료와 사진 자료까지 두루 다루었으면 합니다. 만약 도서관 사서들에 의해 이 강의가 기획 및 운영될 수 있다면, 이용자(고객)들로 하여금 사서들이야말로 미디어 전문가이자 정보 전문가라는 인상을 심어줄 수 있을 것입니다. 더불어 도서관 내 여러 미디어들도 활발히 활용되겠지요.

이어서 연중 운영되는 문화 프로그램에도 여러 미디어 및 자료들의 매쉬 업이 필요하다고 생각합니다. 대부분의 도서관들은 적은 예산을 바탕으로 양질의 프로그램을 운영하고 싶어 합니다. 그래서인지 누구를 대상으로 어떤 프로그램을 얼마 동안 운영할 것인지에 대한 기본 계획은 도서관 사서가 수립하지만, 해당 프로그램의 운영은 외부 전문 강사들에게 맡기는 경우가 많습니다. 이때 전문 강사들은 공개 채용 과정을 거쳐 선발이 되지만, 사실 그들이 계획하거나 운영하는 프로그램의 내용이나 질에 대해서 제대로 알고 평가하기는 어렵습니다. 대부분 수강생들의 반응이나 만족도 조사 결과에 따라 평가를 하는 정도이지요.

어쨌든 도서관이 주관하여 운영되는 프로그램은 독서 활용 등 도서관과 관련이 있는 것이어야 하는 것은 물론이고, 외부 강사가 운영을 하더라도 계획 단계에서부터 도서관이 소장하고 있는 여러 미디어 자료를 활용해 줄 것을 요청할 수는 있겠습니다.

이 제안에 대한 구체적 예가 될 프로그램 계획서도 부록의 〈표 5〉에 제시했으므로 살펴보고 오시면 좋겠습니다. 더 구체적으로 설명을 해드리자면 초등학교 4-6학년을 대상으로 참여 학생들이 미디어를 직접 경험해 보면서 올바르게 받아들이는 감각을 기를 수 있도록 하는데 목적을 갖고 있는 프로그램입니다. 프로그램은 모둠별로 진행하여 같은 주제를 여러 각도에서 바라볼 수 있는 힘, 주어진 문제를 함께 해결해 나가는 힘 등을 기를 수 있도록 하며, 전 과정을 미디어 일지에 정리하면서 비판력까지 배양할 수 있도록 구성했습니다.

2 도서관과 지역 사회 기관들과의 매쉬 업

아직 전국의 모든 구(읍)나 동(면)에 도서관이 최소 한 곳씩 있는 것은 아니지만, 곧 그런 날이 올 거라고 생각합니다. 그래서 내가 어디에 살고 있든 집에서부터 5분 이내 거리에 도서관에 도착할 수 있는 거지요. 아마 이런 상상이 현실이 되려면 지금보다 5배 이상의 도서관이 더 건립 및 경영될 필요가 있을 것입니다.

아무튼 아직은 그런 여건이 아니지만, 그럼에도 도서관은 지역 사회 내에서 박물관이나 미술관과 더불어 문화 중심지로써의 역할을 하고 있습니다. 아니 대중성으로 따지면 두 기관보다 앞서겠지요. 게다가 도서관은 공공 기관이라는 특성으로 인한 한계도 있겠지만, 그 덕분에 다른 기관과의 연결도 비교적 쉽게 할 수 있다는 장점도 갖고 있는 곳입니다. 따라서 이번 장에서는 지역 사회와의 매쉬 업(네트워크)을 위한 방안에 대해 상상해 보겠습니다. 우선 상상의 기반이 된 관련 연구 결과들부터 살펴보시죠.

지역네트워크는 지역 내 다양한 주체(민·관·산·학)들이 주민 학습을 지원하기 위해 상호작용하고 협력하는 지역 내 연결망이라고 볼 수 있습니다.[34] 김경애·김정원[35]은 지역네트워크를 지역 주민에게 교육적 지원을 위한 새로운 지식, 기술, 서비스의 창출, 도입, 활용, 교류, 수정, 확산시키는 과정에서 역동적으로 상호 협력함으로써 형성되는 지역 내 연결망으로 봤습니다. 여기서 핵심은 주체들이 형성하는 관계성입니다. 즉, 네트워크라는 개념은 네트워크가 이루어지는 하나의 체제를 가지며, 이 체제 안에서 상호작용하는 구성요소와 개체, 이들 간의 상호작용과 상호작용에서 교류되는 방식과 원리를 가정하는 개념으로 볼 수 있습니다.[36]

이호영과 김상돈[37]은 '지역사회 연결망을 통한 평생교육의 제도화 방안에 관한 연구 : 지역네트워크 이론을 중심으로'를 통해, 현대 사회를 유아기에서 노년기에 이르기까지 전 생애에 걸쳐 영위하는 학습활동과 이를 포괄하는 총체적 교육시대 즉, 평생교육 시대에 돌입됐다는 전제를 했습니다. 그러므로 평생교육의 제도화를 위해서는 지역 자본을 개발하고 활

---

34) 지희숙. 2009. 지역네트워크 형성과정에 대한 사례 연구 : 부산 해운대구 반송지역을 중심으로. 『평생교육학연구』, 15(4): 75-102.

35) 김경애·김정원. 2007. 교육지원체제로서 지역네트워크 형성과정에 대한 사례연구 : 노원지역의 교육복지투자우선지역 지원사업 사례를 중심으로. 『평생교육학연구』, 13(3): 117-142.

36) 양흥권. 2007. 지역사회 평생학습네트워크와 활성화방안. 『인력개발연구』, 9(1): 24-40.

37) 이호영·김상돈. 2004. 지역사회 연결망을 통한 평생교육의 제도화 방안에 관한 연구 : 지역네트워크 이론을 중심으로. 『한국도시행정학회 학술발표대회 논문집』, 2014. 5: 51-73.

용할 필요가 있으며 협조하고 협력하는 지역네트워크를 제도화해야 할 필요가 있다는 것이지요. 이어서 특히 지역네트워크는 지역 사회의 자체 역량 및 고유성, 자율과 자치, 상호협력과 조정, 다양성, 의사소통 등과 같은 가치를 포함하고 있으므로, 평생교육은 지역 사회의 학교 교육, 민간 기업, 지역 주민 간 문제해결을 위한 상호 간의 긴밀한 연결망을 요구하고 있다고 하였습니다. 따라서 도서관 역시 평생교육을 중요한 목적으로 설정하고 있는 기관이기 때문에, 도서관과 지역 주민, 나아가 지역 내 민간 기업까지 연결하는 지역사회의 네트워크 모형 설정이 필요하다는 결론에 도달할 수 있겠습니다.

마지막으로 이상일[38]은 '인력개발 지역네트워크에 관한 연구'를 통해, 지역의 경제 발전에 필수적인 요소로 등장하고 있는 인력개발이 효과적으로 이루어지기 위해서는 해당 지역의 특성을 감안한 지역 차원의 인력개발이 중요하다고 보고, 이에 대한 실천적인 전략의 일환으로 볼 수 있는 지역네트워크에 대한 검토와 함께 동 네트워크의 구축 방향을 제시하였습니다. 즉, 투입되는 인적 · 물적 자원의 확대를 통해서도 인력개발의 성과 제고가 가능하지만, 관련 기관들이 보다 긴밀히 협조할 수 있는 여건을 조성해 줄 수 있는 장치인 네트워크를 구축함으로써 한정된 인적 · 물적 자원으로도 성과를 높일 수 있기 때문에, 네트워크, 특히 지역네트워크 측면에서 인력개발을 조명해 보고 있는 것입니다. 그 결과 연구자는 인력개발 지역네트워크가 구축되고 효과적으로 유지 · 발전되기 위해서는 적어도 다음과 같은 핵심 사항들이 충족되는 것이 바람직하다고 제언하고 있습니다.

첫째, 네트워크에 참여하고 있는 조직들 사이에 정보교류가 활발히 이루어질 수 있도록 해주는 지역 노동시장 정보망이 확충될 필요가 있다.

---

38) 이상일. 1999. 인력개발 지역네트워크에 관한 연구.『경제학논집』, 8(1): 189-214.

둘째, 해당 지역의 인력개발 관련 조직들 사이에 흔히 나타나고 있는 지나친 경쟁 또는 무관심을 상호협조와 적극적인 참여로 전환시킬 수 있도록 하는 네트워크가 구축되기 위해서는, 인력개발에 대한 이니셔티브의 주창과 함께 이를 지역 사회에 확산시킬 수 있는 방안이 마련될 필요가 있다.

셋째, 인력개발 관련 조직들이 네트워크에 참여할 경우 비용보다는 수익이 더 크다는 인식을 갖도록 해줄 수 있는 인센티브 체계를 마련하는 것이 바람직하다.

넷째, 지역마다 다양한 형태의 네트워크가 있을 수 있음을 감안하여 해당 지역의 산업, 교육 훈련, 행정 및 지리적 여건 등을 제대로 반영할 수 있는 인력개발 네트워크를 구축하도록 해야 한다.

다섯째, 인력개발이 효과적으로 이루어지기 위해서는 무엇보다도 해당 지역 주민들과 지역 업체들이 원하는 방향으로 교육 훈련 프로그램이 제공될 수 있도록 수요자 중심의 네트워크가 구성되도록 해야 한다.

여섯째, 네트워크가 성공적으로 유지·발전되기 위한 또 다른 관건 중의 하나는 네트워크에 참여하는 각 조직들 사이의 협력체제, 즉 파트너십이 얼마만큼 잘 갖추어져 있느냐에 달려 있다. 따라서 이러한 파트너십을 공고히 하기 위해서는 지역노동시장정보망과 인센티브 체계의 구축과 함께 조직들 사이의 상호 신뢰를 다질 수 있는 여건을 조성하는 것이 필요하다.

일곱째, 인력개발 지역네트워크에서 지역이 한정하는 범위를 행정구역 단위보다는 경제활동권역을 중심으로 설정하는 것이 바람직하다. 특히 대도시 주위에 있는 중소도시 또는 읍·면은 대도시와는 행정구역이 달라도 경제활동권역이 같은 경우가 많기 때문에 대도시와 이들이 다 같이 동일한 인력개발 지역네트워크에 포함되도록 하는 것이 바람직하다.

이어서 이상과 같은 일곱 가지 핵심 사항들을 고려하여 한국의 인력개발 지역네트워크에 대한 기본 구도를 도식화하여 다음의 〈그림 63〉과 같이 제시해 주었습니다.

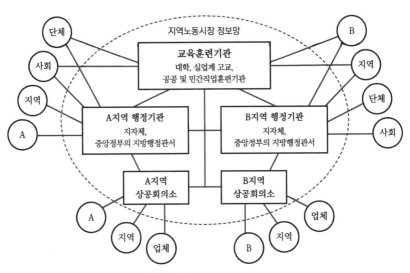

* 주 : A, B지역은 현행 행정구역에 따른 구분임

〈그림 63〉 인력개발 지역네트워크의 기본 구도

이상과 같이 살펴본 지역사회 네트워크 관련 선행 연구들을 종합해 보면, 네트워크 증진을 위해서는 먼저 지역 공동체로서 일체감의 조성을 통해 지역네트워크 환경을 활성화해야 하고, 네트워크 체계를 활성화시키는 관리 조직 즉, 지역네트워크 플랫폼(regional network platform)을 마련하여 지원 기관의 정책적 방향과 내용, 그리고 이를 담을 수 있는 네트워크 체계의 핵심 과정을 구성할 필요가 있다는 것을 알 수 있습니다. 또한 협조하고 협력하는 지역네트워크를 제도화해서 인적·물적 자원과 관련된 주체간의 네트워킹을 유도함으로써 지역발전의 시너지 효과를 높일 수 있도록 해야 한다는 점도 알 수 있습니다.[39]

다음은 이상의 내용들을 바탕으로 상상해 본 도서관과 지역 사회 기관들과의 매쉬 업(네트워킹) 방안인데, 이미 실천되고 있는 것들도 포함되어 있습니다.

1) 교육 훈련 기관 간의 매쉬 업

여기서 의미하는 교육 훈련 기관은 어린이집, 유치원, 초·중·고등학교, 대학교, 민간 직업 훈련 기관들을 포함합니다. 도서관 역시 교육을 담당하는 기관 중 한 곳이므로, 언급한 곳들과의 매쉬 업은 비교적 수월한 편입니다. 실제 교육청 산하의 도서관들은 관내 학교들에 대한 지원 사업으로 프로그램 지원, 강사 파견 등을 활발히 수행하고 있는 중이기도 합니다. 또한 학생들의 견학 프로그램을 운영하거나 중·고등학생들에게 봉사 기회, 대학생들에게는 실습 기회를 부여하기도 합니다. 따라서 이미 훌륭히 운영이 되고 있는 부분은 유지를 하면서, 상대적으로 도서관으로부터 지원 받을 기회가 적은 민간 직업 훈련 기관이나 노인대학 등에는

---

39) 임성관. 2017. 앞의 책. p. 19.

한 달 동안 100권의 도서를 대여해 주는 서비스를 하는 등 우선은 쉽게 실천할 수 있는 매쉬 업 방안부터 모색해 봐도 좋겠습니다. 더불어 어린이집부터 고등학교까지는 단계별 이용자 교육 등을 구성해 체계적 도서관 체험 프로그램을 설계하는 것도 좋겠습니다.

2) 기관·단체들과의 매쉬 업

매년, 매학기 문화프로그램을 기획해 실천해야 하는 도서관 담당자들은 '이번에는 어떤 프로그램을 해야 하나?'에 대해 많은 고민을 합니다. 왜냐하면 새로우면서도 도서관의 색깔에 맞고, 더불어 이용자(고객)들이 많이 참여하여 결국 만족도 또한 높아야 하기 때문입니다. 따라서 담당자들의 고충이 크다는 것을 잘 알고 있는데, 그런 고민과 노력들 덕분에 도서관 문화프로그램을 기다리는 이들 또한 많다고 생각합니다.

도서관이 다른 행정 기관과 연계해서 어떤 것을 할 수 있을까에 대한 아이디어가 바로 떠오르지 않는 분들도 계시겠지만, 찾아보면 관련 사례들이 있습니다. 따라서 사례로부터 배우고 확장을 시키는 방법이 쉽기 때문에 관련 내용부터 살펴보겠습니다. 다만 여기서의 연계는 해당 기관의 누군가가 특강을 위해 한 번 방문하는 경우가 아니라, 기획 단계부터 협의가 이루어지고 문화프로그램 전체 혹은 일부에 중요한 요소로 동참을 한다는 의미입니다.

우선 제 경험부터 소개를 드리면, 서울도서관 공모 사업에 선정된 은평구립증산정보도서관의 프로그램을 '서울시립은평노인종합복지관'에서

2017년도에 운영할 때의 일입니다. 당시 프로그램은 노인 대상 치매 예방 독서치료 프로그램이었습니다. 따라서 참여 어르신들을 대상으로 사전에 치매 검사를 하고 그 결과에 대해 이해를 구하는 시간이 있었습니다. 치매 사전 검사 및 이해 구하기 시간은 전체 19회 중에서 1회 때 운영이 되었는데, 그 작업은 '은평구치매지원센터'에서 담당을 했습니다. 이후 '은평구치매지원센터'에서는 11회 때 '치매 예방 운동법'에 대해, 18회 때에는 사후 검사를 진행하고 그 결과에 대해 다시 한 번 설명을 해주시기로 되어 있었습니다. 그런데 프로그램이 15회로 축소가 되면서 처음 계획과 달라진 부분이 있지만, 기획 단계에서부터 운영에 이르기까지 관내 행정 기관과의 매쉬 업임에는 틀림없습니다. 다음의 〈그림 64〉는 당시 프로그램 계획서 중 일부분입니다.

차시	날짜(요일)	시간	세부목표	선정자료	토론 및 독후활동	담당
1차시	5/16(화)	10시~12시			- 치매에 대한 사전 검사 - 치매 검사지 결과에 대한 이해 구하기	은평구 치매 지원 센터
2차시	5/23(화)	10시~12시	프로그램의 이해 및 마음 열기	김수한무	프로그램 소개 (태몽, 이름에 얽힌 이야기)	강사
3차시	5/30(화)	10시~12시	치매에 대한 이해	우리 할머니는 나를 모릅니다	치매에 대해 바르게 알기	강사
4차시	6/13(화)	10시~12시	회상1 - 유아 및 아동기	효녀 심청	부모님에 대한 기억, 동요와 손 유희	강사
5차시	6/20(화)	10시~12시	회상2 - 청소년기	재주 많은 여섯 쌍둥이	형제에 대한 기억, 실뜨기	강사
6차시	6/27(화)	10시~12시	회상3 - 성인기	새 엄마 이야기	결혼과 직업에 대한 기억, 땅따먹기	강사
7차시	7/4(화)	10시~12시	회상4 - 중년기	세상에서 가장 힘센 수탉	기쁨과 슬픔에 대한 기억, 윷놀이	강사
8차시	7/11(화)	10시~12시	행동정신적 문제해소 - 공격성, 불안, 우울	해치와 괴물 사형제, 장터나들이, 해와 달이 된 오누이	투호놀이, 구슬치기, 공기놀이, 젠가, 봉숭아 물들이기	강사
9차시	7/18(화)	10시~12시	인지기능향상1 - 기억	시리동동 거미동동	꼬리따기 노래부르기, 위인 알아 맞히기	강사
10차시	7/25(화)	10시~12시	인지기능향상2 - 공간지각력	팥죽 할머니와 호랑이	할머니를 구해준 친구들의 위치 알아맞히기, 점토로 만드는 부엌살림	강사

〈그림 64〉 서울시립은평노인종합복지관 2017년 치매 예방 독서치료 프로그램 계획서

이어서 두 번째 사례는 2020년 1월 31일자 베타뉴스 기사[40]로부터 확인한 내용입니다. 내용인즉슨 전라북도 완주군에 있는 완주군립삼례도서관이 완주보건소와 연계해 지역 사회 치매 정보 허브를 구축한다는 것이었습니다. 이를 위해 완주군립삼례도서관은 치매 극복을 위한 선도 도서관으로써 지역 주민들을 위해 도서관 내 치매 도서 코너를 별치하여, 도서관을 찾는 이용자(고객)들이 치매 예방과 극복을 위해 필요한 정보들을 자연스럽게 접할 수 있도록 유도한다고 합니다.

지역 보건소와 도서관이 '치매'라는 질병을 바탕으로 협약을 맺었을 때 도서관 할 수 있는 최선의 역할은, 적정 정보를 필요로 하는 이용자(고객)들에게 제 때에 주는 것이겠지요. 그런 맥락에서 별도의 서가도 설치를 했겠습니다만, 그 외 두 기관 사이에 다른 교류가 있는 것 같지는 않아서 소극적인 연계라고 생각됩니다.

이 사례와 비슷하게 도서관과 지역 내 보건소가 연계해 임신부를 대상으로 운영한 프로그램도 있습니다. 이 경우에는 보건소에서 임신부들의 건강과 출산까지의 관리 과정에 대해 전문 지식을 줄 수 있는 의사가 나와서 강연까지 했기 때문에, 조금 더 적극적이었다고 할 수 있겠습니다.

자, 더 필요하다면 이외 사례는 각자 찾아보실 것을 권하며 더불어 보건소를 넘어 소방서, 경찰서, 우체국 등의 기관들과 어떤 연계를 해볼 수 있는지 생각해 보시는 것은 어떨까요? 더불어 공공 행정 기관을 넘어 사기업이나 단체들과의 매쉬 업에 대해서도 머리를 모은다면 분명 도서관 주도 하에 창의적이면서도 이용자(고객)들에게 두루 도움이 될 수 있는 프로그램이 만들어질 것입니다.

---

40) B베타뉴스 전북 소식 (http://www.betanews.net/article/1127259)

3) 지역 사람들과의 매쉬 업

국제화 및 정보화가 진전되어 오면서 국제 경쟁력 확보를 둘러싸고 국가 간 경쟁뿐만 아니라 한 국가 내에서의 지역 간 경쟁도 과거보다 한층 치열해지고 있는 추세입니다. 국가 간 또는 지역 간 물적 자산의 이동성이 높아지면서 물적 자산에 대한 비교우위의 중요성이 과거보다 크게 하락함에 따라, 아직까지 상대적으로 이동성이 낮은 인적 자산을 해당 국가 또는 지역에서 얼마만큼 개발하고 이용할 수 있느냐 하는 것이 경쟁력 확보의 관건이 되고 있지요. 따라서 인적 자본에 대한 투자 및 이와 관련된 제반 인력개발을 소홀히 하는 경우에는 국제 경쟁력 약화 또는 지역경제 쇠퇴라는 결과를 초래할 수밖에 없기 때문에, 주요 선진국들은 인력개발에 대하여 지대한 관심과 노력을 기울이고 있는 중입니다. 특히 지방자치의 전통이 일찍부터 확립된 국가들은 지역별로 지방 정부 및 지역사회 단체들이 중심이 되어 인력개발에 대한 노력을 경주해 왔는데, 한정된 인적·물적 자원을 이러한 인력개발에 효과적으로 활용하기 위한 방안으로 등장한 것이 바로 지역네트워크를 구축하는 것이었습니다.[41]

결국 인적네트워크는 지역네트워크의 가장 큰 요소인 인적 자원을 바탕으로 구성된 망이라고 할 수 있으며, 국가 간 경쟁에서 우위에 서려면 그들을 서로 연결하고 모아서 활용해 나갈 필요가 있다는 결론에 이르게 합니다. 또한 이런 흐름은 모든 국가에 있어 선택이 아닌 필수가 된 상황이라고 할 수 있습니다.

이런 맥락에서 저는 도서관이 갖고 있는 가장 큰 힘은 '사람들을 모을

---

41) 이상일. 1999. 앞의논문. p. 195.

수 있는 곳'이라고 생각합니다. 그 사람들이 때로는 도서관 운영을 힘들게 할 수도 있지만, 그 중에는 도서관과 타 이용자(고객)들에게 큰 도움을 줄 수 있는 분들도 계실 것입니다. 따라서 이번에는 지역 사람들과의 매쉬 업에 대해 생각해 보고자 하는데, 이 상상은 이미 여러 도서관에서 적용하고 있는 '사람 책(Human Library, Living Library, Human Book)'과 연관 지어 펼쳐보고자 합니다. 우선 사람 책에 대한 개념과 현황부터 정리해 보자면 다음과 같습니다.

휴먼 라이브러리(human library)는 2000년도에 덴마크에서 시작된 새로운 형태의 도서관으로, 도서나 인쇄매체가 아닌 사람이 정보자료가 되어 이용자와 직접 커뮤니케이션을 통하여 지식과 정보를 전달하는 도서관 서비스의 개념입니다. 이러한 휴먼 라이브러리는 전 세계적으로 급격히 확산되고 있으며, 우리나라에서도 2010년 이후 다양한 형태로 파급되고 있는 실정입니다.[42]

우리나라에는 2012년 3월, 서울 노원구에 최초로 상설 휴먼 라이브러리가 생겼습니다. 현재 노원 휴먼 라이브러리는 책 대신 문화, 의료, 금융, IT, 환경, 봉사 등 다양한 분야에 걸쳐 718명의 휴먼 북이 비치되어 있습니다.(2017년 7월 기준) 독자들은 도서관에 와서 책을 빌리는 게 아니라 '휴먼 북'을 빌립니다. 책처럼 사람을 빌린다는 말이 잘 이해가 가지 않을 수 있지만 이용방법은 간단합니다. 홈페이지[43]에 회원가입을 하고, 휴먼 북의 목록을 살핀 후 열람을 신청하면 휴먼 북과의 일정을 조정해 만남이 이루어집니다. 일대일로 만나 대화를 나누는 것입니다. 모두 휴먼 북들

---

42) 조찬식. 2014. 휴먼라이브러리에 관한 연구. 『한국비블리아학회지』, 25(3): 9-28.

43) 노원휴먼라이브러리 (http://www.humanlib.or.kr)

의 재능기부로 이루어지기 때문에 대여료가 들지 않습니다. 따로 비용을 내지 않고도 책을 대신할 사람과 눈을 맞추고 대화하는 특별한 기회를 누릴 수 있습니다. 지난 해(2016년) 휴먼 북 열람 건수는 7,400여 건에 달했다고 합니다.[44)]

　사람 책(휴먼 북, human book)을 통한 정보서비스를 제공하는 휴먼 라이브러리는 기존의 도서관 서비스와 다른 몇 가지 특성을 가지고 있습니다. 휴먼 라이브러리에서는 사람 책과 이용자가 직접 대면하여 정보 교환이 진행되기 때문에 양방향 커뮤니케이션을 통한 상호작용이 가능합니다. 그리고 이러한 상호작용성을 통해 이용자는 기존 도서관 서비스에 필요한 정보에의 지적, 심리적 접근성을 높일 수 있게 됩니다. 또한 휴먼 라이브러리에서는 문제해결을 위해 사람 책과 이용자 사이에 복합적이고 종합적인 정보 교환이 가능하며, 이용자의 판단에 기초한 정보 서비스의 정확성을 높일 수 있다는 점이 기존 도서관 서비스와 비교되는 특성이라 할 수 있습니다. 이러한 휴먼 라이브러리의 의의를 도서관 입장에서 살펴보면, 사람 책을 활용하여 도서관 자료의 범주를 넓히고 도서관 서비스의 다양화를 기대할 수 있다는 점에서 찾아볼 수 있습니다. 도서관이 시대나 사회에 따라 자료와 도서관의 이용을 다양하게 해왔다면, 사람 책을 통한 휴먼 라이브러리는 변화하는 정보요구에 대한 대응이라 할 것입니다. 그리고 휴먼 라이브러리는 사람 책과 이용자의 커뮤니케이션이라는 행사를 통해 도서관과 지역사회의 관계를 강화시키며, 현대 사회에 보편화 되어가는 재능기부 문화의 확산과 활성화에 기여하게 됩니다.[45)]

---

44) 허정숙. 2017. 사람 책을 빌려드립니다. 『월간 샘터』, 2017(7): 48-49.
45) 조찬식. 2014. 앞의 논문. p. 10.

이런 효과 때문인지 전국의 많은 도서관들은 자체적으로 사람 책 목록을 구성하여 원하는 이용자(고객)들과의 만남을 주선하고 있습니다. 어떻게 보면 그동안 도서관에서는 자원봉사자로만 지역 내 인적 자원을 활용했다면, 사람 책 활동을 추가하면서 보다 전문적 영역에서 일을 하고 계신 분들이 자신의 전문성을 발휘할 수 있는 기회를 늘려주었다고 할 수 있습니다. 다만 그동안의 활동에 있어 사람 책으로 선정할 사람들에 대한 기준의 모호성, 활동 결과 평가에 대한 기준 미흡으로 인해 발생하는 문제들도 있었습니다. 따라서 부정적 측면을 보완하면서 활동 자체의 활성화를 위해 다음과 같은 방안을 제안해 봅니다.

우선 다음의 〈그림 65〉는 필자가 2017년도 경기도교육청에 보고했던 사람 책 관련 연구 보고서에 담겨 있는 '지역네트워크 구축'에 대한 방안을 수정한 것입니다.

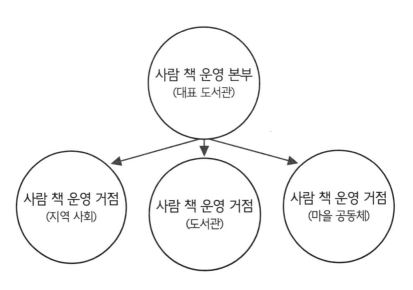

〈그림 65〉 사람 책 지역네트워크 구축 방안

〈그림 65〉를 보면 사람 책 프로그램의 안정적인 조직 시스템 구축을 위해 운영 본부로서의 역할을 대표 도서관이 수행하고, 이어서 운영 거점으로서 세 개의 기관이 협력하는 구조를 띠고 있습니다. 운영 거점 역할을 수행할 세 개의 협력 기관은 각 도서관, 마을교육공동체, 그리고 지역 사회로, 여기서 각 도서관은 각 시나 군의 대표도서관 아래에 속해 있는 곳들을 뜻합니다. 따라서 이 도서관들은 사람 책을 모집하고, 그들을 활용한 활동을 구체적으로 기획하는 일 전반을 담당해야 합니다. 이어서 두 번째 거점인 지역 사회는 각 지역에 있는 기관·단체들이 모두 포함됩니다. 이곳들 역시 사람 책으로 활동할 적임자들을 선택해 도서관에 추천을 할 수 있으며, 필요 시 해당 기관으로 사람 책을 파견할 수도 있겠습니다. 만약 지역 사회에서 추천을 받아 사람 책으로 위촉한다면, 한 번 검증이 되는 상황이므로 추후 발생할 문제를 줄일 수 있겠습니다. 더불어 마지막 거점인 마을 공동체는 지역 내 동(洞)이나 면(面), 리(里)가 되겠습니다. 이런 곳들도 나름의 공동체가 존재하기 때문에 역시 사람 책 활동을 하기에 적합한 이들을 추천할 수 있으며, 활동에 있어서도 많은 도움을 받을 수 있을 것입니다. 따라서 1차적으로는 지역 내 네트워크를 구축해 적정 사람 책을 선발해 목록화 하는 작업이 필요하겠습니다.

다음의 〈그림 66〉은 이상과 같이 구축된 지역네트워크를 활용해 사람 책 활동을 활성화시키기 위한 로드맵(Road Map)입니다. 만약 〈그림 66〉과 같이 종합해 제시한 로드맵에 따라 도서관 중심의 사람 책 활동이 이루어진다면, 이는 도서관이라는 기관과 지역 사람들 간의 매쉬 업을 넘어 사람과 사람, 세대와 세대 간의 연결로도 이어질 것이라 생각합니다. 이는 결국 많은 지역 사회 사람들에게 도서관은 정보와 함께 사람을 만날 수 있는 네트워크의 중심지라는 인식도 심게 되는 효과가 있을 것입니다.

네트 워크	사람 책 주관 단체			지역 사회 (공공 기관, 공기업, 사기업, 지역 단체 등)			마을 공동체 (시, 구, 동, 면, 리의 특성)		
단계	사람 책 구성	사람 책 유지	사람 책 확장	소극적 연계	적극적 연계	전문적 연계	소극적 연계	적극적 연계	전문적 연계
방안	공지 및 지원자 접수를 통한 심사선 발	다각적 측면에 서의 평가선 발	지원자만 이 아닌 지역 사회와 마을 공동체와 의 연계를 통한 섭외	주관 단체 요청 시 필요 인력 지원	상시적으 로 사람 책 활동 지원	사람 책 활동을 위해 기관 및 인력을 상시적 지원	주관 단체 요청 시 마을 및 필요 인력 지원	상시적으 로 사람 책 활동 지원	사람 책 활동을 위해 마을 및 인력을 상시적 지원

〈그림 67〉 사람 책 활동 활성화를 위한 로드맵[46]

46) 임성관. 2017. 앞의 책. p. 113.

상상 도서관

B■■K

나가기 사서가 되어 도서관에 근무하는 방법

대통령 소속 도서관정보정책위원회에서 2019년 3월 5일에 확정 발표한 '제3차 도서관발전종합계획(2019-2023)'의 내용에 따르면, 공공도서관과 작은도서관을 지속적으로 확대하여 2023년까지 공공도서관은 1,468개관, 작은도서관은 6,956개관을 목표로 하고 있다고 합니다.[47]

이처럼 도서관의 수가 늘어나면 자연스럽게 사서 직원에 대한 채용도 증가할 거라는 기대감에 많은 사람들이 관심을 갖게 됩니다. 이미 전국의 문헌 정보학과 재학생 및 졸업생들도 공무원 시험 이외 도서관에서 일할 수 있는 기회는 없을 거라 생각하며 준비를 하고 있는데, 그 외 분야를 전공했거나 다른 일을 했던 사람들도 가세를 하고 있는 상황입니다. 물론 자격증을 먼저 취득해야 하고, 경쟁률 또한 높은 시험을 단계별로 통과해야 하지만요.

그럼 사서가 되어 도서관에 근무할 수 있는 방법을 살펴보도록 하겠습니다.

---

47) 대통령소속 도서관정보정책위원회. 2019. 『제3차 도서관발전종합계획』. 서울: 대통령소속 도서관정보정책위원회. p. 88.

먼저 사서의 정의와 자격증에 대한 사항부터 정리해 드릴 테니, 문헌정보학 공부부터 시작하려는 분들은 꼼꼼하게 읽어보시기 바랍니다.

1. 사서의 정의

사서는 "고등교육기관에서 문헌정보학을 이수하고 각종 도서관, 자료실 및 정보기관에서 이용자의 정보요구를 충족시키기 위하여 정보자료의 수집, 정리, 보관 및 이용에 종사하는 사람을 총괄하여 일컫는 전문직의 명칭"[48]으로 정의가 됩니다.

2. 사서 자격증

우리나라에서의 사서 자격증은 1966년부터 발급된 국가전문자격으로 1급 정사서, 2급 정사서, 준사서로 구분되며, 「도서관법」제6조 제2항 및 동법 시행령 제4조 제2항에 의해 사서의 자격 요건에서 정하는 바에 따라 한국도서관협회에서 사서자격증 발급 업무를 수행하고 있습니다. 사서 자격증을 취득하기 위해서는 대학에서 문헌정보학(도서관학, 문헌정보과, 도서관과)을 전공하고 졸업한 자 또는 법령에서 이와 동등한 학력이 있다고 인정한 자로서 일정 학점을 이수하고 나면 무시험으로 자격 취득이 가능하며, 2016년 10월 31일 기준 사서 자격증 발급 건수는 총 86,404건(1급 정사서는 2,421건, 2급 정사서는 52,107건, 준사서는 31,876건)입니다.

---

48) 한국도서관협회 문헌정보학용어사전 편찬위원회. 2010. 『(개정판) 문헌정보학용어사전』. 서울: 한국도서관협회.

부록에 제시한 〈표 6〉은 사서의 자격 요건을 정리한 것입니다. 사서의 자격 요건을 보면 '1급 정사서', '2급 정사서', '준사서'라는 세 개의 등급에 따라 적정 교육과 근무 경력을 요구하고 있음을 알 수 있습니다. 또한 그 사항이 명확히 확인되었을 때 자격증이 발급된다는 것도 알 수 있습니다. 따라서 이 요건을 충족해 해당 자격증을 취득한 사서는 도서관의 제반 업무를 담당할 수 있는 국가에서 인정하고 있는 전문가라고 할 수 있습니다.

3. 전국 대학교 문헌정보학과 현황

이어서 부록에 제시한 〈표 7〉은 전국 대학교의 문헌정보학과 현황을 정리한 것입니다. 현황은 전문대학(2/3년제)과 일반대학교(4년제)을 모두 포함시켜 지역별로 구분을 지으면서 가나다순으로 표기했습니다. 그 결과 2020년 2월 17일 현재 전국 대학교 내 문헌정보학과 현황은 총 37곳이었습니다. 하지만 이미 폐과가 되었거나 곧 그렇게 될 가능성이 있는 학교들도 있어서 이 수가 계속 유지될 수 있을지는 장담할 수 없습니다.

4. 기타 교육 기관 현황

성균관대학교, 계명대학교, 부산여자대학교에는 별도의 사서교육원이 있어서, 비전공자들도 준사서 자격증을 딸 수 있습니다. 또한 타 분야 전공자일지라도 석사 학위를 받은 사람이라면 2급 정사서 자격증을 딸 수도 있습니다.

더불어 2007년도 도서관법 시행령 개정으로 인해, 2011년부터 일부 대학(주로 전문대학)의 평생교육원에서도 학점은행을 이용한 시간제 과정을 개설해 운영 중입니다. 따라서 이 과정을 통해서도 사서 자격증을 딸 수 있습니다. 나아가 2020년부터는 온라인 과정도 개설될 가능성이 높다고 하니, 사서 자격을 취득하는 사람의 수는 날로 증가할 것 같습니다.

각 교육 기관들이 운영하는 과정들은 약간씩의 차이가 있으니 필요한 정보는 홈페이지를 통해 확인해 보시고, 그럼에도 이해가 안 되는 부분은 사무실로 연락을 해보시는 것이 좋겠습니다.

5. 지방 공무원 시험

지방 공무원 시험은 매년 시행되고 있습니다. 때문에 많은 사람들이 공무원이 되어 공공 기관에서 일할 수 있기를 꿈꾸며 도전하고 있습니다. 부록에 제시한 〈표 8〉은 2020년 6월 13일 토요일에 치러질 지방공무원 제2회 공개경쟁 및 경력경쟁 임용시험 시행계획 공고 내용 중에서, 각 지역별 9급 사서 선발 예정 인원을 정리한 것입니다. 2020년에 채용 계획이 없는 곳도 있고 아직 공고가 나오지 않은 지역도 있는데, 2월 17일을 기준으로 정리를 한 것이라 앞으로 선발할 지역과 대상 인원이 추가될 가능성이 있습니다. 역시 지역별 차이가 있습니다만 선발 예정 인원에는 별도로 선발하는 장애인들의 수가 포함되어 있으며, 그 수는 총 202명입니다.

6. 사서교사 임용 시험

2019년 7월 22일, '전국학교도서관모임'[49]은 '한국도서관협회' 및 '한국학교도서관협의회' 등 25개 단체와 연대하여 '2020학년도 사서교사 임용 예정

49) 전국학교도서관모임 다음 카페 공지사항 (http://cafe.daum.net/libte/4f1x)

정원 확대'를 촉구하는 공동 성명서를 배포하였습니다. 성명서의 핵심 내용은 '학교도서관진흥법 시행령'과 '학교도서관진흥계획'에 따라 사서교사의 임용 정원을 확대하라는 것이었는데, 전국 학교도서관의 사서교사 배치율이 8.6%에 불과함에도 2020년 전국 공립학교 임용후보자 사전 정원이 47명에 그쳤기 때문입니다.

이에 전국의 모든 학교에 도서실(관)은 설치가 되어 있는데, 정작 전문 인력인 사서교사가 배치되어 있지 않은 곳이 많기 때문에 유명무실한 실정이라는 것입니다. 물론 경기도와 같이 기간제 사서교사를 다수 배치한 사례도 있지만, 이 또한 한시적 정책일 수밖에 없습니다. 따라서 학교도서관의 목적 달성을 위해서라도 반드시 모든 학교에 사서교사가 배치될 수 있게 해달라는 간절한 외침이었습니다.

어쨌든 이런 노력들이 더해진 결과인지 최근 임용 시험에서 사서교사의 선발 인원은 증가해 왔습니다. 또한 그런 맥락에서 사서교사 자격을 취득할 수 있는 교육대학원 내 사서교육전공의 지원자 수 또한 폭발적으로 늘었습니다. 일례로 경기대학교 교육대학원 사서교육전공 2020학년도 1학기 신입생 모집에만 217명이 지원을 했을 정도니까요. 그러나 사서교사 자격을 갖고 있다고 해서 바로 임용이 되는 것은 아닙니다. 마찬가지로 몇 단계에 걸쳐 치러지는 시험에 통과를 해야 합니다. 다음은 시험 단계를 간결하게 정리한 것입니다.

1단계 : 한국사능력검정시험에서 3급 이상의 인증을 받아야 합니다. 그런데 2020년 5월에 치러질 제47회부터는 급수 체계 및 합격 점수가 일부 변경된다고 합니다. 즉, 심화 등급에는 1-3급이, 기본 등급에는 4-6급이 들어가면서 두 등급으로 바뀌었고, 합격 점수도 1급은 만점의 80% 이상, 2급은 만점의 70% 이상 등으로 바뀝니다. 한국사 능력검정시험 2급 이상 합격자에 한해 인사혁신처에서 시행하는 5급 국가공무원 공개 경쟁채용시험 및 외교관후보자 선발 시험에 응시할 수 있는 자격이 부여되며, 3급 이상 합격자에 한해 교원 임용시험에 응시할 수 있는 자격이 부여됩니다. 그러므로 가장 먼저 신경을 써야할 부분입니다.

2단계 : 임용 시험을 치러 면접까지 최종 합격을 해야 합니다. 2020년 기준 임용 시험의 과목은 교육학(20점)과 전공(80점)으로 양분되며, 전공은 A와 B로 두 가지 유형으로 출제가 됩니다. 이 중 '교육학'에는 '교육학개론', '교육철학', '교육사', '교육과정', '교육평가', '교육방법', '교육공학', '교육심리', '교육사회', '교육행정', '교육경영', '생활지도 및 상담'이 해당되며, '전공'에는 '분류학', '목록학', '도서관전산', '정보검색', '정보봉사론', '학교도서관운영', '정보매체론', '정보봉사론', '독서지도론' 등이 포함됩니다. 그런데 2022년부터는 교육청 지방 공무원 임용 시험에서 '국어', '영어', '한국사' 공통 과목 3가지와 전공 필수 2과목인 '자료조직개론', '정보봉사개론'의 총 5과목으로 고정이 된다고 합니다. 따라서 이 부분도 미리 대비할 필요가 있겠습니다.

마지막으로 부록의 〈표 9〉는 2020학년도 지역별 사서교사 일반 모집 인원 및 지원 인원에 따른 경쟁률을 정리한 것입니다. 전국적으로 194명(장애 등을 제외한 일반 인원)의 사서교사를 선발하는데 평균 경쟁률이 4.3대 1이라는 것을 알 수 있습니다. 또한 경쟁률이 가장 높은 곳은 광주광역시로 무려 10대 1에 달하며, 서울특별시도 9.4대 1을 보이고 있네요. 반면 상대적으로 경쟁률이 가장 낮았던 곳은 경상북도(초등)로 2.5대 1이었습니만, 그렇다고 어느 한 곳 만만하게 볼 수가 없답니다.

　　이상과 같이 사서가 되어 도서관에 근무하는 방법을 살펴봤습니다. 뜻이 있는 곳에 길도 있다고는 합니다만, 사서가 되는 것, 공무원 임용 시험에 합격해 공공이든 학교든 도서관에 근무하는 것이 쉽지 않을 것입니다. 그럼에도 매년 선발은 이어지고 있고 합격자도 나오고 있습니다. 그 주인공이 내가 될 수 있다는 생각과 노력도 필요하겠지요. 그러니 사서가 되고 싶으시다면 부디 열심히 공부해 주십시오. 나아가 도서관에 근무를 하게 된다면 서비스직이라는 사명감을 갖고 친절히, 성실히 임해주십시오. 만약 모든 사서들이 그런 마음가짐과 태도로 근무를 해주신다면 도서관과 사서는 영원이 공존할 것이라고 믿습니다. 더불어 국민 개개인의 발전을 통해 국가도 결국 발전할 것이라고 믿습니다.

　　제 상상은 여기까지입니다. 어느 선까지, 언제쯤, 어떻게 구현이 될지 모르겠습니다만, 상상을 하는 내내 행복했습니다. 향후 또 다른 상상을 하게 되면 어떤 경로로든 여러분들과 함께 나누겠습니다. 감사합니다! ^^

부록

〈표 1〉 2019년 대활자본 목록

순	도서명	저자명	출판사명
1	강원국의 글쓰기	강원국	메디치
2	굿 라이프	최인철	21세기북스
3	꽃을 보듯 너를 본다	**나태주**	지혜
4	나는 120살까지 살기로 했다	이승헌	한문화
5	나는 죽을 때까지 재미있게 살고 싶다	이근후	갤리온
6	남아 있는 시간을 위하여	김형석	김영사
7	당신이 옳다	정혜신	해냄
8	바깥은 여름	김애란	문학동네
9	방구석 미술관	조원재	백도씨
10	시를 잊은 그대에게	정재찬	휴머니스트
11	아픔이 길이 되려면	김승섭	동아시아
12	우리는 언젠가 만난다	채사장	웨일북
13	인생 우화	류시화	연금술사
14	환자 혁명	조한경	에디터

〈표 2〉 2018년 대활자본 목록

순	도서명	저자명	출판사명
1	82년생 김지영	조남주	민음사
2	경제, 알아야 바꾼다	주진형	메디치미디어
3	공터에서	김훈	**해냄**
4	길은 멀어도 마음만은	류수홍	소수출판사
5	당신은 아무 일 없던 사람보다 강합니다	김창옥	수오서재
6	말투 하나 바꿨을 뿐인데	나이토 요시히토	유노북스
7	새는 날아가면서 뒤돌아보지 않는다	류시화	더숲
8	생각하는 힘 노자 인문학	최진석	위즈덤하우스
9	셈을 할 줄 아는 까막눈이 여자	요나스 요나손	열린책들
10	숨결이 바람 될 때	폴 칼라니티	흐름출판
11	신경 끄기의 기술	마크 맨슨	갤리온
12	어떻게 살 것인가	유시민	아름다운사람들
13	어머님이 들려주시던 노래1	성석제	창비
14	어머님이 들려주시던 노래2	성석제	창비
15	예언	김진명	새움
16	오돌할멈 손자 오돌이	이호철	지성사
17	오직 두 사람	김영하	문학동네
18	운을 읽는 변호사	니시나카 쓰토무	알투스
19	의사가 체험으로 말하는 요료법	김정희	산수야
20	인간과 문화의 무지개다리	이케다 다이사쿠	연합뉴스동북아센터
21	종의 기원	정유정	은행나무
22	혼자 잘해주고 상처받지 마라	유은정	21세기북스

〈표 3〉 기적의도서관 설치 현황

순	도서관명	개관 일자	소재지
1	순천기적의도서관	2003년 11월 10일	전남 순천시 해룡면 기적의도서관길 60
2	제천기적의도서관	2003년 12월 15일	충북 제천시 용두천로 38길 30
3	진해기적의도서관	2004년 2월 2일	경남 창원시 진해구 석동로 70
4	서귀포기적의도서관	2004년 5월 5일	제주특별자치도 서귀포시 일주동로 8593
5	제주기적의도서관	2004년 5월 5일	제주특별자치도 제주시 동광로 12길 19
6	청주기적의도서관	2004년 7월 15일	충북 청주시 서원구 구룡산로 356
7	울산북구기적의도서관	2004년 7월 28일	울산광역시 북구 이화 5길 29-13
8	금산기적의도서관	2005년 5월 5일	충남 금산군 금산읍 비단로 296-13
9	부평기적의도서관	2006년 3월 10일	인천광역시 부평구 길주남로 166
10	정읍기적의도서관	2008년 5월 23일	전북 정읍시 수성 5로 45-5
11	김해기적의도서관	2011년 11월 30일	경남 김해시 율하 1로 55
12	도봉기적의도서관	2015년 7월 30일	서울특별시 도봉구 마들로 797
13	강서기적의도서관	2018년 10월 23일	부산광역시 강서구 명지오션시티 7로 30
14	구로기적의도서관	2019년 8월 27일	서울특별시 구로구 구로중앙로 40길 24
15	인제기적의도서관	2021년 예정	강원도 인제시 인제읍 인제로 140번길 52-13

〈표 4〉 미디어 리터러시 역량 강화 강의 계획안

차시	주제	내용	강사
1	미디어 리터러시에 대한 이해	미디어 리터러시의 개념, 미디어 리터러시의 필요성 및 중요성	임**
2	미디어 리터러시 1 – 신문	신문에 대한 리터러시	최**
3	미디어 리터러시 2 – 영상	광고, 드라마, 영화 등에 대한 리터러시	최**
4	미디어 리터러시 3 – 웹툰(만화)	웹툰에 대한 리터러시	홍**
5	미디어 활용 프로그램 계획 작성 실습 및 수퍼비전	미디어 활용 프로그램 계획 및 발표, 수퍼비전	임**

〈표 5〉 미디어 감각 기르기 프로그램 계획서

차시	미디어	세부 주제	활용 자료	활동 내용
1	영상 : 다큐	미디어와 인사하기	① 모두 읽고 있습니까?	① 프로그램 소개 ② 미디어와 인사하기 ③ 미디어 일지 작성 안내
2	도서	한 주제 한 생각	① 세상을 바꾼 사과 한 알 ② 이게 정말 사과일까? ③ 사과	① 생각의 만다라트 ② 사과도 감정을 느낄까?
3	영상 : 뉴스, 애니메이션	만화, 웹 툰, 애니메이션의 성장	① 드라마·영화로 재탄생 웹툰 인기폭발 ② 아기공룡 둘리 ③ 파장초등학교 플립 북 애니메이션	① 4컷 만화 완성하기 ② 플립 북 만들기
4	영상 : 다큐	뉴스 리터러시	① 무엇이 뉴스가 되는가? 게이트 키핑	① 뉴스 배달왔습니다 ② 게이트 키핑 경험 나누기
5	영상 : 다큐, 신문	신문으로 배우는 창의	① 조선의 신문 ② 사라진 Why, 왜 ③ 물 가득 '바다 쓰레기' 이젠 어민 소득원으로!	① 사진 뜨개질 ② 기사로 생각 비틀기
6	영상 : 다큐	우리 곁에 있는 광고	① 쇼핑의 법칙	① 우리 주변의 광고 분석하기 ② 공익광고 포스터 만들기
7	사진, 도서	사진아, 글이 되어라!	① 어떻게 이런 생각을 했을까?	① 포토 에세이
8	영상 : 다큐, 인포그래픽	인포그래픽의 이해	① DIGITOX(디지털 중독 예방 캠페인 인포그래픽)	① 주변의 인포그래픽 알아보기 ② 인포그래픽 완성하기
9	영상 : 뉴스	호모 루덴스 게임에 몰입하다	① 게임 중독, 마약 중독 – 뇌구조 비슷 ② 자녀의 게임 중독 치료법은?	① 게임 과몰입 진단하기 ② 나는 게임 스토리 제작자
10	포털 사이트	인터넷 포털 사이트 파헤치기	① 이용하는 웹브라우저, ② 나의 시작페이지	① 나의 시작 페이지 ② 오늘 나의 검색순위 ③ 별난 지식 ⓔ
11	영상 : 다큐	소셜 미디어를 대하는 우리의 자세	① 소셜 미디어 그게 뭔데? ② 소셜 미디어 정보를 대하는 바른 태도	① SNS에서 내가 자주 쓰는 말과 그 의미 ② 앱 Kinemaster를 이용 동영상 제작하기
12	영상 : 다큐	발전하는 미디어	① 스마트 시대, 미래의 도시	① 미디어 보드게임 만들기 ② 소감문 작성하기

〈표 6〉 사서의 자격 요건

구분		자격 요건	구비 서류
공통		없음	1. 사서 자격증 신규 발급 신청서 1부 2. 주민등록등본 또는 초본 1부 (주민 등록번호 13자리 모두 기재)
1급 정사서	가호	「고등교육법」에 따른 대학원에서 문헌 정보학이나 도서관학 박사학위를 받 은 사람	3. 박사학위기 원본 또는 박사학위 수 여증명서(문헌정보학 또는 도서관학 박사) 1부
	나호	2급 정사서 자격증을 소지하고 「고등교 육법」에 따른 대학원에서 문헌정보학 이나 도서관학 외의 박사학위를 받거 나 정보처리기술사 자격을 받은 사람	3. 2급 정사서 자격증 원본(분실 시 분 실 사유서 1부) 4. 박사학위기 원본(또는 증명서 1부) 또 는 정보관리기술사 자격증 원본(또 는 증명서 1부)
	다호	2급 정사서 자격증을 소지하고 도서 관 근무경력이나 그 밖에 문화체육관 광부령으로 정하는 기관에서 문헌정 보학 또는 도서관학에 관한 연구경력 (이하 "도서관 등 근무경력"이라 한다)이 6 년 이상 있는 사람으로서 「고등교육 법」에 따른 대학원에서 석사학위를 받 은 사람	3. 2급 정사서 자격증 원본(분실 시 분 실 사유서 1부) 4. 석사학위기 원본 또는 석사학위 수 여(졸업)증명서 1부 5. 근무 경력을 확인할 수 있는 서류 1 부(예: 경력증명서) 6. 시설 명세서 1부(「도서관법 시행령」 [별 표 3] 비고 1. 도서관 정의에서 라. 그 밖 에 작은 도서관 규모 이상의 도서관에 해당하는 경우에 한함.)
	라호	2급 정사서 자격증을 소지하고 도서 관 등 근무경력이 9년 이상 있는 사람 으로서 문화체육관광부장관이 지정하 는 교육기관(이하 "지정교육기관"이라 한 다)에서 문화체육관광부장관이 정하 여 고시하는 소정의 교육과정(이하 "소 정의 교육과정"이라 한다)을 이수한 사람	3. 2급 정사서 자격증 원본(분실 시 분 실 사유서 1부) 4. 근무 경력을 확인할 수 있는 서류 1부 (예: 경력증명서) 5. 지정 교육기관 소정의 교육과정(1급 정사서 과정) 수료증 원본 또는 수료 증명서 1부 (수료 예정자의 경우에는 지정 교육기관의 장이 별도로 일괄신청)

2급 정사서	가호	「고등교육법」에 따른 대학(교육대학, 사범대학, 「고등교육법」 제2조 제5호에 따른 원격대학, 산업대학 및 이에 준하는 각종 학교를 포함한다. 이하 같다)에서 문헌정보학이나 도서관학을 전공하고 졸업한 사람 또는 법령에서 이와 동등한 학력이 있다고 인정한 사람으로서 문헌정보학을 전공한 사람	3. 졸업증명서 1부(졸업 예정자 대학장이 별도로 일괄 신청) ※ 국가평생교육진흥원에서 학점은행제로 문헌정보학 학사과정을 수료한 경우
	나호	「고등교육법」에 따른 대학원에서 문헌정보학이나 도서관학 석사학위를 받은 사람	3. 석사학위기 원본 또는 석사학위 수여(졸업)증명서 1부(문헌정보학 또는 도서관학 석사)
	다호	「고등교육법」에 따른 교육대학원에서 도서관교육이나 사서교육을 전공하여 석사학위를 받은 사람	3. 석사학위기 원본 또는 석사학위 수여(졸업)증명서 1부(도서관교육 또는 사서교육전공)
	라호	「고등교육법」에 따른 대학원에서 문헌정보학이나 도서관학 외의 석사학위를 받은 사람으로서 지정교육기관에서 소정의 교육과정을 이수한 사람	3. 지정 교육기관 소정의 교육과정(2급 정사서 과정) 수료증 원본 또는 수료증명서 1부(수료예정자의 경우에는 지정 교육기관의 장이 별도로 일괄 신청)
	마호	준사서 자격증을 소지하고 「고등교육법」에 따른 대학원에서 석사학위를 받은 사람	3. 준사서 자격증 원본(분실 시 분실 사유서 1부) 4. 석사학위기 원본 또는 석사학위 수여(졸업)증명서 1부
	바호	준사서 자격증을 소지하고 도서관 등 근무경력이 3년 이상 있는 사람으로서 지정교육기관에서 소정의 교육과정을 이수한 사람	3. 준사서 자격증 원본(분실 시 분실 사유서 1부) 4. 지정 교육기관 소정의 교육과정(2급 정사서 과정) 수료증 원본 또는 수료증명서 1부(수료예정자의 경우에는 지정 교육기관의 장이 별도로 일괄 신청)
	사호	「고등교육법」에 따른 대학을 졸업하여 준사서 자격증을 소지하고 도서관 등 근무경력이 1년 이상 있는 사람으로서 지정교육기관에서 소정의 교육과정을 이수한 사람	3. 준사서 자격증 원본(분실 시 분실 사유서 1부) 4. 지정 교육기관 소정의 교육과정(2급 정사서 과정) 수료증 원본 또는 수료증명서 1부(수료 예정자의 경우에는 지정 교육기관의 장이 별도로 일괄 신청)

준사서	가호	「고등교육법」에 따른 전문대학(전문학사학위를 수여하는 사이버대학을 포함한다)에서 문헌정보과나 도서관과를 졸업한 사람 또는 동등 이상의 학력이 있는 사람으로서 문헌정보과나 도서관과를 전공한 사람	3. 졸업증명서 1부(졸업 예정자는 전문대학의 장이 별도로 일괄 신청)
	나호	「고등교육법」에 따른 전문대학(전문학사학위를 수여하는 사이버대학을 포함한다)을 졸업한 사람 또는 동등 이상의 학력이 있는 사람으로서 지정교육기관에서 소정의 교육과정을 이수한 사람	3. 지정 교육기관 소정의 교육과정(준사서 과정) 수료증 원본 또는 수료증명서 1부(수료 예정자의 경우에는 지정 교육기관의 장이 별도로 일괄 신청)
	다호	「고등교육법」에 따른 대학을 졸업한 사람으로서 재학 중에 문헌정보학이나 도서관학을 부전공한 사람	3. 졸업증명서(문헌정보학 또는 도서관학 부전공 기재) 1부

⟨표 7⟩ 전국 대학교 문헌정보학과 현황

지역	학교 이름
서울특별시	덕성여자대학교
	동덕여자대학교
	명지대학교
	상명대학교
	서울여자대학교
	성균관대학교
	숙명여자대학교
	숭의여자대학교
	연세대학교
	이화여자대학교
	중앙대학교
	한성대학교
부산광역시/경상남도	경성대학교
	동의대학교
	부산대학교
	부산여자대학교
	신라대학교
	창원문성대학교
대구광역시/경상북도	경북대학교
	계명대학교
	대구가톨릭대학교
	대구대학교
인천광역시	인천대학교
대전광역시	충남대학교
	한남대학교
광주광역시	광주대학교
	전남대학교
경기도	경기대학교
	대림대학교
	대진대학교
	동원대학교
충청북도	건국대학교 글로벌캠퍼스
	청주대학교
충청남도	공주대학교
	중부대학교
전라북도	전북대학교
	전주대학교
총계	37

<표 8> 지방공무원 제2회 공개경쟁 및 경력경쟁 임용시험 시행계획 공고[50]

구분	지역	직급	선발 예정 인원(명)	응시 자격
공개 경쟁 사서직	서울	9급	1	1·2급 정사서, 준사서
	경기		92	
	인천		13	
	충남		14	
	전남		7	
	경북		14	
	경남		16	
	대구		4	
	울산		1	
	부산		39	
	제주		1	
총계			202	

50) 에듀피디 공무원 수험가이드 (http://www.edupd.com/guide/guide.htm?here=leve9&gu_code=GU-000002&gu_cm_code=GS-000045&gu_cs_code=CS-000197)

<표 9> 2020학년도 지역별 사서교사 경쟁률

지역	모집 인원	지원 인원	경쟁률
서울특별시	11	103	9.4
경기도(초등)	17	86	5.1
경기도(중등)	10	90	9.0
인천광역시	8	47	5.9
부산광역시	12	48	4.0
대구광역시	4	24	6.0
광주광역시	1	10	10.0
울산광역시	7	23	3.3
강원도	12	32	2.7
충청북도	8	31	3.9
충청남도	19	64	3.4
대전광역시	6	29	4.8
경상북도(초등)	13	33	2.5
경상북도(중등)	9	29	3.2
경상남도	20	60	3.0
전라북도	11	35	3.2
전라남도	19	56	2.9
제주도	5	14	2.8
세종특별자치시	2	9	4.5
합계	194	823	4.3

상상 도서관

청소년을 위한 인문학 교실 - 문헌정보학

초판 1쇄 2020년 06월 30일
초판 3쇄 2020년 12월 30일
저   자 임 성 관
발 행 인 권 호 순
발 행 처 시간의물레
등   록 2004년 6월 5일
등록번호 제1-3148호
주   소 서울시 은평구 중산로17길 31, 401호
전   화 02-3273-3867
팩   스 02-3273-3868
전자우편 timeofr@naver.com
블 로 그 http://blog.naver.com/mulretime
홈페이지 http://www.mulretime.com
I S B N 978-89-6511-313-3 (43020)
정   가 12,000원